U0581733

中华精神家园

节庆习俗

张灯结彩

元宵习俗与彩灯文化

肖东发 主编 张灵芝 编著

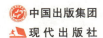

中国出版集团
现代出版社

图书在版编目（CIP）数据

张灯结彩 / 张灵芝编著. — 北京：现代出版社，
2014.7（2020.01重印）

ISBN 978-7-5143-2434-1

Ⅰ. ①张… Ⅱ. ①张… Ⅲ. ①节日－风俗习惯－介绍
－中国 Ⅳ. ①K892.1

中国版本图书馆CIP数据核字(2014)第165100号

张灯结彩：元宵习俗与彩灯文化

总 策 划：	陈 恕
主　　 编：	肖东发
作　　 者：	张灵芝
责任编辑：	王敬一
出版发行：	现代出版社
通信地址：	北京市定安门外安华里504号
邮政编码：	100011
电　　 话：	010-64267325 64245264（传真）
网　　 址：	www.1980xd.com
电子邮箱：	xiandai@cnpitc.com.cn
印　　 刷：	山东省东营市新华印刷厂
开　　 本：	710mm×1000mm　1/16
印　　 张：	11
版　　 次：	2015年4月第1版　 2020年1月第3次印刷
书　　 号：	ISBN 978-7-5143-2434-1
定　　 价：	40.00元

党的十八大报告指出："文化是民族的血脉，是人民的精神家园。全面建成小康社会，实现中华民族伟大复兴，必须推动社会主义文化大发展大繁荣，兴起社会主义文化建设新高潮，提高国家文化软实力，发挥文化引领风尚、教育人民、服务社会、推动发展的作用。"

我国经过改革开放的历程，推进了民族振兴、国家富强、人民幸福的中国梦，推进了伟大复兴的历史进程。文化是立国之根，实现中国梦也是我国文化实现伟大复兴的过程，并最终体现为文化的发展繁荣。习近平指出，博大精深的中国优秀传统文化是我们在世界文化激荡中站稳脚跟的根基。中华文化源远流长，积淀着中华民族最深层的精神追求，代表着中华民族独特的精神标识，为中华民族生生不息、发展壮大提供了丰厚滋养。我们要认识中华文化的独特创造、价值理念、鲜明特色，增强文化自信和价值自信。

如今，我们正处在改革开放攻坚和经济发展的转型时期，面对世界各国形形色色的文化现象，面对各种眼花缭乱的现代传媒，我们要坚持文化自信，古为今用、洋为中用、推陈出新，有鉴别地加以对待，有扬弃地予以继承，传承和升华中华优秀传统文化，发展中国特色社会主义文化，增强国家文化软实力。

浩浩历史长河，熊熊文明薪火，中华文化源远流长，滚滚黄河、滔滔长江，是最直接的源头，这两大文化浪涛经过千百年冲刷洗礼和不断交流、融合以及沉淀，最终形成了求同存异、兼收并蓄的辉煌灿烂的中华文明，也是世界上唯一绵延不绝而从没中断的古老文化，并始终充满了生机与活力。

中华文化曾是东方文化摇篮，也是推动世界文明不断前行的动力之一。早在500年前，中华文化的四大发明催生了欧洲文艺复兴运动和地理大发现。中国四大发明先后传到西方，对于促进西方工业社会的形成和发展，曾起到了重要作用。

　　中华文化的力量，已经深深熔铸到我们的生命力、创造力和凝聚力中，是我们民族的基因。中华民族的精神，也已深深植根于绵延数千年的优秀文化传统之中，是我们的精神家园。

　　总之，中华文化博大精深，是中国各族人民五千年来创造、传承下来的物质文明和精神文明的总和，其内容包罗万象，浩若星汉，具有很强的文化纵深，蕴含丰富宝藏。我们要实现中华文化伟大复兴，首先要站在传统文化前沿，薪火相传，一脉相承，弘扬和发展五千年来优秀的、光明的、先进的、科学的、文明的和自豪的文化现象，融合古今中外一切文化精华，构建具有中国特色的现代民族文化，向世界和未来展示中华民族的文化力量、文化价值、文化形态与文化风采。

　　为此，在有关专家指导下，我们收集整理了大量古今资料和最新研究成果，特别编撰了本套大型书系。主要包括独具特色的语言文字、浩如烟海的文化典籍、名扬世界的科技工艺、异彩纷呈的文学艺术、充满智慧的中国哲学、完备而深刻的伦理道德、古风古韵的建筑遗存、深具内涵的自然名胜、悠久传承的历史文明，还有各具特色又相互交融的地域文化和民族文化等，充分显示了中华民族的厚重文化底蕴和强大民族凝聚力，具有极强的系统性、广博性和规模性。

　　本套书系的特点是全景展现，纵横捭阖，内容采取讲故事的方式进行叙述，语言通俗，明白晓畅，图文并茂，形象直观，古风古韵，格调高雅，具有很强的可读性、欣赏性、知识性和延伸性，能够让广大读者全面接触和感受中国文化的丰富内涵，增强中华儿女民族自尊心和文化自豪感，并能很好继承和弘扬中国文化，创造未来中国特色的先进民族文化。

2014年4月18日

悠久历史——起源发展

丰富意蕴——彩灯文化

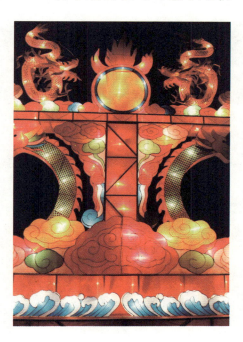

绚丽多彩——各地灯会

起源发展

　　每年农历正月十五，是我国传统节日元宵节。正月为元月，古人称夜为"宵"，而十五的夜晚又是一年中第一个月圆之夜，故称元宵节。

　　元宵节又称为小正月、元夕或灯节，是春节之后的第一个重要节日。自汉代以来，民间就有正月十五张灯、赏灯的习俗，所以正月十五又称灯节。

　　按照我国民间的传统，正月十五的夜晚，人们要观灯会、猜灯谜、吃元宵，活动丰富多彩。其时，阖家团聚，其乐融融。

元宵节源于古人以火把驱邪

　　元宵节的起源很古老，源于远古人类在过节时以火把驱邪。这个节要祭祀天神，由于是夜里进行，自然要打着火把，后来就逐渐演变为元宵节了。

元宵灯会

■ 元宵平安灯

元宵节是我国的传统节日，早在2000多年前的西汉时期就有了这一节日习俗。

元宵节赏灯始于东汉的汉明帝时期。因为汉明帝提倡佛法，恰逢蔡愔从印度求得佛法归来，蔡愔称印度摩揭陀国每逢正月十五，僧众云集瞻仰佛舍利，是参佛的吉日良辰。

汉明帝为了弘扬佛法，于是下令正月十五的夜晚在宫中和寺院"燃灯表佛"。因此，正月十五夜燃灯的习俗，随着佛教文化影响的扩大及道教文化的加入，逐渐在我国流传下来。

汉代以后，这种佛教礼仪节日逐渐扩展成民间盛大的节日。这一节日经历了由宫廷到民间，由中原到全国的发展过程。

此外，关于元宵节的起源还有一种说法，说是起源于火把节。汉代的民众习惯在乡间田野持火把驱赶虫兽，希望减轻虫害，祈祷获得好收成。

汉明帝 刘庄，刘秀之子，母阴丽华，性格刚毅严酷。明帝即位后，一切遵奉光武制度。汉明帝提倡儒学，注重刑名文法，为政苛察，总揽权柄，权不借下。他也致力消除北匈奴的威胁。其后，又派班超出使西域，由是西域诸国皆遣子入侍。此后，复置西域都护。明帝时，吏治比较清明，境内安定。

佛光普照

■ 元宵灯会上的彩灯

汉文帝 刘恒，汉代第三位皇帝。公元前196年，刘邦封刘恒为代王。公元前180年，汉文帝即位。他励精图治，兴修水利，衣着朴素，废除肉刑，使汉朝进入强盛安定的时期。当时百姓富裕，天下小康。汉文帝与汉景帝时期史称"文景之治"。

这种习俗自隋代、唐代、宋代以来，更是盛极一时。参加歌舞的人数以万计，活动从第一天黄昏开始，直至第二天天黑才结束。

直到现代，我国西南一些地区的人们还在正月十五用芦柴或树枝做成火把，成群结队高举火把在田头或晒谷场跳舞。

随着社会和时代的变迁，元宵节的风俗习惯有了较大的变化，但至今仍是我国民间的传统节日。

关于元宵节的来历，民间还有一些传说。

据传，汉文帝在元月十五平定了"诸吕之乱"，因此就将这一天定为元宵节。

汉高祖刘邦死后，吕后之子刘盈登基为汉惠帝。惠帝生性懦弱，优柔寡断，大权渐渐落在吕后手中。汉惠帝病死后，吕后独揽朝政，把刘氏天下变成了吕氏天下。朝中老臣刘氏宗室深感愤慨，但都惧怕吕后的残暴，因而敢怒不敢言。

吕后病死后，吕氏家族惶惶不安，害怕遭到伤害和排挤。于是，在上将军吕禄家中秘密集合，共谋作乱之事，以彻底夺取刘氏江山。

此事传至刘氏宗室朱虚侯刘章耳中。刘章为了保住刘氏江山，使人告兄齐王起兵讨伐诸吕。随后，刘章与开国老臣周勃、陈平取得联系，设计解除了吕禄，"诸吕之乱"终于被彻底平定。

平定叛乱之后，众臣拥立刘邦的第四个儿子刘恒登基，称汉文帝。文帝深感太平盛世来之不易，便把平息"诸吕之乱"的正月十五定为与民同乐日，每年的正月十五，京城里家家户户都要张灯结彩，以示庆祝。

从此，正月十五便成了民间一个普天同庆的节日，就是后来的"元宵节"。

另一则传说的是东方朔与元宵姑娘的故事，这一传说与吃元宵的习俗有关。

蔬菜花灯

■ 元宵喷水花灯

相传汉武帝有个宠臣名叫东方朔，他善良又风趣。有一年冬天，连续下了几天大雪，东方朔就到御花园去给汉武帝折梅花。他刚进园门，就发现有个宫女泪流满面，准备投井。东方朔慌忙上前搭救，并问明她欲自杀的原因。

原来，这个宫女名叫元宵，家里还有双亲及一个妹妹。自从她进宫以后，就再也无缘和家人见面。每年到了腊尽春来的时节，就比平时更加思念家人。她觉得不能在双亲身边尽孝，不如一死了之。

东方朔了解了元宵姑娘的遭遇，深感同情，就向她保证，一定设法让她和家人团聚。

一天，东方朔出宫在长安街上摆了一个占卜摊，不少人都争着向他占卜求卦。不料，每个人所占所求，都是"正月十六火焚身"的签语。一时之间，长安陷入一片恐慌，人们纷纷求问解灾的办法。

东方朔 本姓张，字曼倩，西汉著名辞赋家。汉武帝即位后，征四方士人。东方朔上书自荐，诏拜为郎。后任常侍郎、太中大夫等职。他性格诙谐，言词敏捷，滑稽多智，常在武帝面前谈笑取乐。他一生的著述很多，有《答客难》《非有先生论》等。司马迁称他为"滑稽之雄"。

东方朔就说："正月十三傍晚，火神君会派一位赤衣神女下凡查访，她就是奉旨烧长安的使者，我把抄录的谶语给你们，可让你们想想办法。"说完，便扔下一张红帖，扬长而去。

老百姓拿起红帖，赶紧送到皇宫去禀报皇上。

汉武帝接过来一看，只见上面写着："长安在劫，火焚帝阙，十五天火，焰红宵夜。"他心中非常惊讶，连忙请来了足智多谋的东方朔。

东方朔假意想了一想，就说："听说火神君最爱吃汤圆，宫中的元宵姑娘不是经常给你做汤圆吗？十五晚上可让宫女元宵做好汤圆，万岁焚香上供，并传令京城家家都做汤圆，一齐敬奉火神君。再传谕臣民一起在十五晚上挂灯，满城点鞭炮、放烟火，好像满城大火，这样就可以瞒过玉帝了。此外，通知城外百姓，十五晚上进城观灯，宫廷人杂在人群中消灾解难。"

武帝听后十分高兴，就传旨照东方朔的办法去做。

元宵五彩花灯

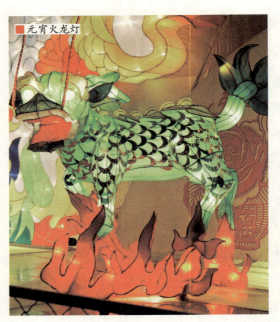
元宵火龙灯

到了正月十五这一天，长安城里家家张灯结彩，游人熙来攘往，热闹非常。宫女元宵的父母和妹妹进城观灯。

当他们看到写有"元宵"字样的大宫灯时，惊喜地高喊："元宵！元宵！"宫女元宵听到喊声，终于和家里的亲人团聚了。

如此热闹了一夜，长安城果然平安无事。汉武帝大喜，便下令以后每到正月十五都做汤圆供奉火神君，正月十五照样全城挂灯、放烟火。

因为宫女元宵做的汤圆最好，人们就把汤圆叫元宵，这天叫"元宵节"。

张灯结彩

元宵习俗与彩灯文化

阅读链接

按照我国古代的习俗，"元"指月亮正圆，一年之中有所谓"三元"，即正月十五称为"上元"，七月十五称为"中元"，十月十五称为"下元"。因此，元宵节也称为"上元节"。

据考证，元宵节的来历，有说与祭祀泰一神有关。泰一神也称太乙神，主宰人间的风雨、饥馑和瘟疫。

据说，汉朝武帝曾久病不愈，求助太乙神后竟奇迹治愈，于是开始建太乙祠坛祭祀，每逢正月十五通宵达旦，以盛大的灯火祭祀。每到正月十五元宵夜，汉武帝就来到甘泉宫，主持祭祀泰一神的活动。这一活动被后人视作正月十五祭祀天神的先声。

由误射神鸟引起的张灯习俗

元宵节又称灯火节，在南北朝时，灯火十分盛行。正月十五闹花灯，因其一片光明的寓意和喜气洋洋的气氛，被人们称作良辰美景。每到这一天，无论男女老少，都会成群结队徜徉灯市，来领略"楼台上下火照火，车马往来人看人"的节日氛围。

元宵节花灯

■ 元宵花灯

玉帝 全称"昊天金阙无上至尊自然妙有弥罗至真玉皇上帝",又称"昊天通明宫玉皇大帝""玄穹高上玉皇大帝",居住在玉清宫。玉帝在道教神阶中修为境界不是最高,但是神权最大。玉帝除统领天、地、人三界神灵之外,还管理宇宙万物的兴隆衰败、吉凶祸福。

元宵节张灯是我国人民的传统习俗。关于张灯的由来还有一个传说。

相传在很久以前,凶禽猛兽很多,四处伤害人和牲畜,人们就组织起来去消灭它们。

据说当时有一只神鸟因为迷路而降落人间,却意外被不知情的猎人给射死了。玉帝知道以后,十分震怒,立即传旨,下令让天兵于正月十五到人间放火,把人间的人畜财产通通烧掉。

玉帝的女儿心地善良,不忍心看百姓无辜受难,于是就冒着生命的危险,偷偷驾着祥云来到人间,把这个消息告诉了人们。

众人听说这个消息后,有如头上打一个响雷,吓得不知如何是好。过了好久,才有位老人家想出了办法。这位老人说:"在正月十四、十五、十六这三天,每户人家都在家里张灯结彩、点响爆竹、燃放烟火。这样一来，天帝就会以为人们都被烧死了。"

大家听了都点头称是，便分头准备去了。到正月十五这天晚上，玉帝往下一看，发觉人间一片红光，响声震天，以为是大火燃烧的火焰，于是心中大悦。就这样，人们才保住了自己的生命及财产。

从此，每年到了正月十五，家家户户都悬挂灯笼，燃放烟火，来表达对善良之人的感激之情。

此外，还有一些民俗专家认为，元宵张灯的习俗起源于佛家与道家的斗法。说是东汉明帝的时候，摄摩腾和竺法兰来到我国传教，遇到道家的责难。于是，摄摩腾和竺法兰决定在宫廷与道士比试法力。

摄摩腾和竺法兰用火烧经像，而经像丝毫无损，熠熠生辉。明帝看见后，感到佛法无量，于是敕令正月十五佛祖神变之日燃灯，以表佛法大明。就此，佛家神灯火种在我国大地上燃起，并逐渐流传到各地。

后来，佛教大兴，佛僧积极劝导人们正月十五张灯，认为张灯之举功德无量。如此一来，佛家灯火逐渐遍布于民间，便形成了正月十五张灯的习俗。

自从元宵节张灯之俗形成以后，我国历朝历代都把正月十五张灯、观灯视为一大盛事。梁简文帝曾写过一篇《列

■ 古人庆祝元宵节蜡像

■ 元宵蘑菇花灯

灯赋》，描绘了当时宫廷在元宵节张灯的盛况。其中写道：

南油俱满，西漆争燃。

苏征安息，蜡出龙川。

斜晖交映，倒影澄鲜。

隋炀帝 杨广，华阴人，生于京师长安，隋朝第二代皇帝。一名英，小字阿么，604年继位。他在位期间修建大运河，营建东都迁都洛阳城，开创科举制度，亲征吐谷浑，三征高丽，因为滥用民力，造成天下大乱直接导致了隋朝的灭亡。618年，他在江都被部下缢杀。

到了隋炀帝时期，朝廷每年正月十五都要举行盛大的晚会以招待万国来宾和使节。

据《隋书·音乐志》记载：元宵庆典甚为隆重，处处张灯结彩，日夜歌舞奏乐。参加表演的达3万多人，奏乐的人近2万人，戏台有4千米长，游玩观灯的百姓更是不计其数。数万人通宵达旦，尽情欢乐，热闹非常。

到了唐代，元宵庆典发展成为盛况空前的灯市；

在中唐以后，已发展成为全民性的狂欢节。唐玄宗时的开元盛世，长安的灯市规模很大，燃灯5万盏，花灯种类繁多。皇帝命人做巨型灯楼达20多间，高约50米，金光璀璨，极为壮观。

唐代是实行宵禁的，每当夜晚禁鼓一响就禁止人们出行，犯夜就要受到处罚。唯独在元宵节，皇帝特许开禁3天，称为"放夜"。

据《大唐新语》记载，每逢元宵节之夜，长安城里都要大放花灯3天。到了宋代，张灯由3夜延长到5夜，除灯彩以外还要燃放焰火，表演各种杂耍，情景更加热闹。据《东京梦华录》中记载：

> 每逢灯节，开封御街上，万盏彩灯垒成灯山，花灯焰火，金碧相射，锦绣交辉。京都少女载歌载舞，万众围观。游人集御街两廊下，奇术异能，歌舞百戏，鳞鳞相切，乐音喧杂十余里。

唐玄宗（685—762），李隆基，也称唐明皇。712年李旦禅位于李隆基，李隆基取得国家的最高统治权。他统治前期注意拨乱反正，任用贤相，励精图治。其开元盛世是唐朝的极盛之世。统治后期，他怠慢朝政，宠信奸臣，为唐朝中衰埋下了伏笔。

悠久历史
起源发展

■元宵植物花灯

元宵彩龙灯

这时的大街小巷、茶坊酒肆灯烛齐燃，锣鼓声声，鞭炮齐鸣，百里灯火长明不绝。

到了明代，朱元璋在金陵即位后，又规定正月初八上灯，十七落灯，连张10夜，家家户户都要悬挂五色灯彩。彩灯上人物舞姿翩翩，鸟飞花放，龙腾鱼跃，花灯焰火照耀通宵，鼓乐游乐，通宵达旦，这是当时我国最长的灯节。到了清代，花灯种类更多，其中有古朴典雅的宫灯，五彩缤纷的龙灯，结构精巧、借风旋转的走马灯，绫绸扎制、栩栩如生的人物灯等。

宫灯，是我国驰名世界的手工艺品。宫灯因多为皇宫和历朝历代的张灯、观灯盛事，充分表达了人们祈求五谷丰登、祝福人间太平的美好愿望。

张灯结彩

元宵习俗与彩灯文化

阅读链接

宫灯的制作十分复杂，主要用雕木、雕竹、镂铜做骨架，然后镶上纱绢、玻璃或牛角片，上面彩绘山水、花鸟、鱼虫、人物等各种吉祥喜庆的题材。上品宫灯还嵌有翠玉或白玉。

宫灯的造型十分丰富，有四方、六方、八角、圆珠、花篮、方胜、双鱼、葫芦、盘长、艾叶、眼镜、套环等许多品种，尤以六方宫灯为代表。

1915年，北京宫灯首次被送到巴拿马万国博览会展出，荣获金奖，受到国际好评。其后，宫灯逐渐向实用方向发展，出现各种吊灯、壁灯、台灯和戳灯等。我国的宫灯制作以北京最为著名，宫灯是观赏性花灯主要品种之一。

在我国民间有一则谚语："三十的火，十五的灯。"意思是说我国闹元宵的主要内容就是灯，故元宵节又称灯节。由此可见，我国传统的元宵节蕴含了丰富的灯文化。

鳌山灯杆、火树银花，是元宵节最突出的景观。最能概括元宵节活动的便是张灯和放火。张灯、放火是元宵节最主要的民俗活动，后来的观灯游赏以及社火百戏，都是直接或间接由此发展而来的。

丰富意蕴

彩灯文化

一年中灯火最旺的时节

绣花彩灯

元宵节是我国一年中灯火最旺的时节，可算得上是"火树银花不夜天"了。而"闹花灯"是元宵节日庆典规模最大、喜庆气氛最浓的一种习俗。

元宵节闹花灯的习俗，在隋代以前已经见于文字记载。据《资治通鉴》第一百七十五卷中记载：

以近世风俗，每正月十五夜，燃灯游戏，奏请禁之。曰：窃见京邑，爰及外州，每以正月望夜，

充街塞陌，聚戏朋游，鸣
鼓聒天，燎炬照地。竭资
破产，竞此一时。尽室
并孥，无问贵贱；男女混
杂，缁素不分。

每年正月十五的夜晚，人
们都在大街上尽情狂欢，鼓声
震天，火光照地。人们不惜钱
财，比花灯的规模和精巧。而
且家中所有的人，也不分主
仆，不论贵贱，不管男女，一
切等级、性别、贵贱的界限全
部打破，一切隔阂全部消失，剩下的只是欢歌笑语同
花灯了。

■ 塔楼花灯

　　正月十五闹花灯风俗的兴起时间，大约在550年
至580年之间。从这一习俗产生的时间、地域及风俗
内容来推测，它的兴起与佛教的流传有关。

　　《涅槃经》说，如来佛死后火化，将其舍利子装
在精美的罐中，安放在金床上。佛门弟子一边散花一
边奏乐，并每绕城一步点燃一盏灯，以此来表示对如
来佛的悼念。

　　但《涅槃经》没有明确记载这些悼念活动就在正
月十五进行。《西域记》所说的僧俗共同观看舍利放
光的习俗，则明确说是正月十五。

　　这两个习俗的发展，逐渐形成了正月十五闹花灯

《资治通鉴》

北宋司马光主编
的一部多卷本编
年体史书，共294
卷，历时19年告
成。它以时间为
纲，事件为目，
从公元前403年写
起，到959年，涵
盖16朝1362年的
历史。它是我国
第一部编年体通
史，在我国官修
史书中占有极为
重要的地位。

禅宗 又称宗门，汉传佛教宗派之一，始于菩提达摩，盛于六祖惠能，中晚唐之后成为汉传佛教的主流，也是汉传佛教最主要的象征之一。汉传佛教宗派多来自于印度，但唯独天台宗、华严宗与禅宗，是由中国独立发展出的3个本土佛教宗派。其中又以禅宗最具独特的性格。其核心思想为："不立文字，教外别传；直指人心，见性成佛。"代表作《六祖坛经》。

这一民俗。从地点看，这一民俗开始流行于洛阳及周边州郡。这与北魏、北周时崇尚佛教以及著名禅宗大师达摩、慧可先后在嵩山少林寺传法有关，因为禅宗开始兴起时，深受百姓的欢迎。

从习俗的内容看，正月十五闹花灯打破了一切界限，体现了佛教禅宗人人平等、人人都有佛性的观点。这种取消一切束缚、打破一切界限的习俗，时至今日还有余风。民间"正月十五没大小"的俗语和风习便是古风的遗存。

虽然这个习俗起源于佛教及佛事活动，但当这一习俗形成之后，其宗教色彩便渐渐淡化，成为百姓们狂欢的节日。

正月十五也叫"上元节"。上元节闹花灯，在北京有着悠久的历史。

上元节是道教的提法，为庆贺道教"上元赐福

■ 玉兔花灯

■ 灯市上的龙灯

天官紫微大帝"诞生于正月十五，上元节便成为具有佛、道两教特色的民众性节日。

在上元节时，最早只有皇宫和达官显贵的府第在自家门前挂几盏灯，借以炫耀门楣。后来，民间富户相率效尤，灯市也应运而生。民间元宵节张灯、赛灯、观灯，亦逐渐成为普遍的习俗。

明代灯市在北京东城灯市口。每到元宵夜，街道两旁列市，上至珠宝玉器，下至日用百货，无不具备，并有茶楼酒肆供游人饮宴作乐。各铺户都张挂绢纱、烧珠、明角、麦秸、通草制成的各式花灯，供人观赏。

清代始将灯与市分开，以东四牌楼、地安门外为最盛，其次为东安门、新街口、西四牌楼，外城是正阳门外大街。此地铺户以糕点铺、布铺、绸缎庄为主，皆争强斗胜地挂出大小、高矮、方圆形式不等的花灯，有纱绢、玻璃、羊角、西洋之别。

牌楼 又名牌坊，是我国古代建筑中重要的一种类型，其建筑布局细腻，结构紧凑，形式多样，远看巍峨壮观，近看玲珑剔透，首都北京是牌楼最多的城市，曾建各式知名牌坊300多座。牌楼的形式千变万化，随着历史的演变，牌楼已成为中国的一个独特的文化现象。牌楼象征着威严、荣誉、表彰。

元宵习俗与彩灯文化

走马灯 古称蟠螭灯、仙音烛和转鹭灯、马骑灯，汉族特色工艺品，亦是传统节日玩具之一。常见于元夕、元宵、中秋等节日。灯内点上蜡烛，烛产生的热力造成气流，令轮轴转动。轮轴上有剪纸，烛光将剪纸的影投射在屏上，图象便不断走动。因灯各个面上绘制古代武将骑马的图画，灯转动时看起来好像几个人你追我赶一样，故名走马灯。

花灯上面绘有古代传说故事，如《列国》《三国演义》《西游记》《封神榜》《红楼梦》《水浒传》《聊斋志异》《精忠传》《三侠五义》等，或兰、菊、梅、竹，或鸾、凤、龙、虎、虫、鱼等，无不颜色鲜美、栩栩如生。又有独出心裁者，浇注冰灯，搞冰灯会。

早年，地安门外大街的聚盛公干果铺，义溜河沿的冰窖工人，均以巧手结冰为神佛、戏剧人物、器具，内燃灯烛，其间龙、虎、鱼、鸟，华而不奢，朴而不俗。

在上元夜，无论官宦贵人、平民百姓，都不约而同地上街观灯，形成万人空巷之势。

市面更有临时商贩售卖走马灯、吉利灯、气死风灯，以及狮、狗、羊、兔等动物形象的纸灯，形成了灯市。孩子们纷纷提着买来的灯笼，四处游逛玩耍，

■寓意"年年有余"的花灯

形成提灯逛灯之景，好不热闹。
正是：

> 通会灯市似火龙，
> 双塔晴烟报主凶。
> 拒马长虹行逆水，
> 胡良晓月除夕明。

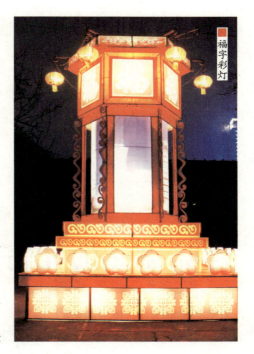

福字彩灯

这就是正月十五元宵节闹花灯的场面。

最初的灯是单纯、静止的，它不能运动，也较少装饰，并且多是单个独立的。其后的发展变化过程中，装饰最先迈出步伐，灯的里里外外都被加以雕琢、修饰。

阅读链接

古代原涿州城中有夹城，门名"通会"，夹城上有重楼3间，名"通会楼"，俗称鼓楼。楼上左鼓右钟，楼高13.5米，10千米外可遥遥在目。

每年正月十五是闹花灯之日，从通会楼至南门置72架木制牌楼，十字路口置7座灯棚。每到此日，大街小巷，张灯结彩，耍龙灯、舞狮子、踩高跷、放鞭炮，真是火树齐开，星球碎挂，千家万户，燃烛通宵。

元宵之夜，登上鼓楼，远眺长街，龙飞凤舞，颇为壮观。这一景象称为通会灯市。

趣味盎然的元宵节咏灯诗

　　元宵节张灯是我国人民的传统习俗。古往今来，不仅流传着大量脍炙人口的元宵咏灯诗，而且也留下了无数趣味盎然的元宵吟灯联。

不夜城中陆地莲，小梅初破月初圆。

新年第一佳时节，谁肯如翁闭户眠。

脸谱花灯

这就是正月十五闹花灯的热闹场景。

在闹花灯的海洋里，有灯谜让你竞猜，于赏灯中射虎添趣；有龙灯绕你狂舞，于翻飞中心动情欢；有灯笼让你投票，于评选中尽展风流；有汤圆让你饱尝，于赛吃中捧腹狂欢……这正是："正月十五闹花灯，街衢断煞夜归人。"

"一曲笙歌春如海，千门灯火夜似昼。"历代文人墨客赞美元宵花灯的诗句数不胜数。

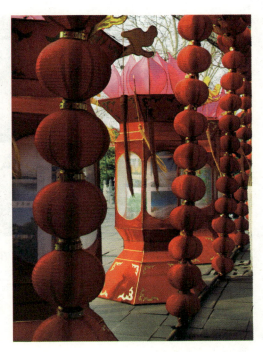

■ 火红的彩灯

隋炀帝在《元夕于通衢建灯夜升南楼》一诗中就有这样的诗句：

灯树千光照，花焰七枝开。

······

燔动黄金地，钟发琉璃台。

唐代，元宵放灯已发展成为盛况空前的灯市。唐代治世因社会升平，经济富庶，花灯更是大放异彩，盛极一时，活动规模相当浩大，观灯人潮万头攒动，上至王公贵族，下至贩夫走卒，无不出外赏灯。

唐玄宗时，延续西汉的弛禁制度，京师长安更在元宵节前后三夜取消宵禁，扩大实施"放夜"，方便

灯谜 写在彩灯上面的谜语，又叫"灯虎"。猜灯谜又叫"射灯虎"。来源于民间口谜，后经文人加工成为谜。春秋战国时期，出现了"隐语"或"廋辞"。秦汉时则成为书面创作。三国时猜谜盛行。宋代出现灯谜，人们将谜条系于五彩花灯上，供人猜射。明清时，猜灯谜十分流行。

人们赏灯，唐以后花灯便成为元宵节的重要标志。

唐代诗人苏味道的《正月十五夜》诗中说道：

■ 火龙花灯

火树银花合，星桥铁锁开。

暗尘随马去，明月逐人来。

游妓皆秾李，行歌尽落梅。

金吾不禁夜，玉漏莫相催。

诗词描绘了元宵夜灯月交辉，游人如织，热闹非凡的场景。

李商隐的诗中写道：

月色灯山满帝都，香车宝盖隘通衢。

身闲不睹中兴盛，羞逐乡人赛紫姑。

值得称道的是我国唐代诗人崔液的《上元夜》：

玉漏铜壶且莫催，铁关金锁彻夜开。

谁家见月能闲坐，何处闻灯不看来。

诗中虽没有正面描写元宵节的盛况，但却蕴含着欢乐愉悦、热闹熙攘的场景。

此外，唐代诗人张祜的《正月十五夜灯》一诗意境也很不错：

千门开锁万灯明，正月中旬动帝京。
三百内人连袖舞，一时天上著词声。

李商隐 擅长诗歌写作，骈文文学价值也很高，是晚唐最出色的诗人之一，和杜牧合称"小李杜"，与温庭筠合称为"温李"，因诗文与同时期的段成式、温庭筠风格相近，且三人都在家族里排行第十六，故并称为"三十六体"。

两宋时期，国势虽然积弱，但是元宵节的灯文化因得到皇室的大力倡行而益加发扬光大，使宋朝成为花灯发展的另一重要历史阶段。

苏轼说"灯火家家有，笙歌处处楼"；范成大说"吴台今古繁华地，偏爱元宵影灯戏"；欧阳修说

■ 城楼花灯

张灯结彩

元宵习俗与彩灯文化

姜夔 字尧章，别号白石道人，南宋词人。他少年孤贫，屡试不第，终生未仕，一生转徙江湖。早有文名，颇受杨万里、范成大、辛弃疾等人推赏，以清客身份与张镃等名公臣卿往来。工诗词，精音律，善书法，对词的造诣很深。有诗词、诗论、乐书、字书、杂录等多种著作。

"去年元夜时，花市灯如昼"，这些名人都把元宵节美景写得有声有色。

著名词人姜夔《诗曰》，让人读后如临其境：

元宵争看采莲船，宝马香车拾坠钿。
风雨夜深人散尽，孤灯犹唤卖汤元。

元代诗人元好问的《京都元夕》，把京城各阶层的人们闹元宵的热闹场面描绘得恰到好处：

袨服华妆着处逢，六街灯火闹儿童。
长衫我亦何为者，也在游人笑语中。

明代更加铺张，将元宵放灯从3夜改为10夜。唐寅曾赋诗盛赞元宵节，把人们带进了迷人的元宵之夜。诗中写道：

■ 三国故事花灯

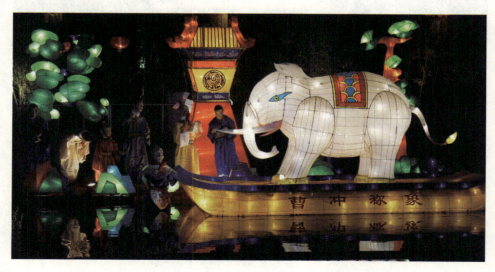

■ 鱼形花灯

有灯无月不误人，有月无灯不算春。
春到人间人似玉，灯烧月下月似银。
满街珠翠游春女，沸地笙歌赛社神。
不展芳樽开口笑，如何消得此良辰。

明人李梦阳的《汴京元夕》也别具韵味：

中山孺子倚新妆，郑女燕姬独擅场。
齐唱宪王春乐府，金梁桥外月如霜。

清代元宵热闹的场面除各种花灯外，还有舞火把、火球、火雨等。阮元有羊城灯市诗写道：

海鳌云凤巧玲珑，归德门明列彩屏，
市火蛮宾余物力，长年羊德复仙灵。

唐寅（1470—1523），字伯虎，一字子畏，苏州府吴中人士，号六如居士、桃花庵主、鲁国唐生、逃禅仙吏等。他玩世不恭又才华横溢，诗文擅名，与祝允明、文徵明、徐祯卿并称为"江南四大才子"。他的画更是名闻千里，与沈周、文徵明、仇英并称"吴门四家"。

唐顺之 字应德，一字义修，号荆川。明代儒学大师、军事家、散文家，抗倭英雄。官翰林编修，后调兵部主事。嘉靖八才子之一，文武全才，提倡唐宋散文，与王慎中、归有光合称嘉靖三大家，是明代重要文学流派唐宋派代表人物。

月能彻夜春光满，人似探花马未停；
是说瀛洲双客到，书窗更有万灯青。

清代诗人姚元之写的《咏元宵节》诗写道：

花间蜂蝶趁喜狂，宝马香车夜正长。
十二楼前灯似火，四平街外月如霜。

这首诗写得更是生动、精彩、别致。

清代唐顺之的《元夕影永冰灯》一诗，让人有一种诗人元夕之夜畅游而意犹未尽之感：

正怜火树千春妍，忽见清辉映月阑。
出海鲛珠犹带水，满堂罗袖欲生寒。
烛花不碍空中影，晕气疑从月里看。
为语东风暂相借，来宵还得尽余欢。

■ 元宵人物花灯

清代诗人单可惠的《张灯曲》则是推陈出新，诗中写道：

上元张灯夺月彩，古时嫦娥应好在。
手攀桂树看人间，春灯万点春如海。
衣香人影何纷纷，车如流水马游龙。
百戏鱼龙争变幻，千家楼阁高玲珑。

诗人的高明之处就在于向世人昭

绚丽的植物花

示了这么一个感觉：要状述、描摹正月十五闹花灯的盛况，非得登上月亮，居高俯瞰不可。

充满诗情和浪漫色彩的元宵节，往往与爱情连在一起。历代诗词中，就有不少诗篇借元宵抒发爱慕之情。北宋欧阳修词中写道：

今年元夜时，月与灯依旧；

不见去年人，泪满春衫袖。

这首词抒写了对眷恋情人的思念之苦。

阅读链接

除了元宵诗词，还有一些歌谣流传。如闽南歌谣《元宵月正圆》写道：

闹元宵，月正圆，闽台同胞心相依，

扶老携幼返故里，了却两岸长相思。

热泪盈眶啥滋味？久别重逢分外喜！

闹元宵，煮汤圆，骨肉团聚满心喜，

男女老幼围桌边，一家同吃上元丸。

这是一首企盼海峡两岸亲人团圆的歌谣，其殷殷期盼之情流溢于字里行间。

源于唐诗名句的最早灯联

元宵节赏灯，吟灯联，也具有无限的情趣，简直趣味盎然。

在北宋时，有个叫贾似道的人镇守淮阴时，有一年上元灯节张灯，门客中有人摘唐诗名句作为门灯联：

天下三分明月夜；
扬州十里小红楼。

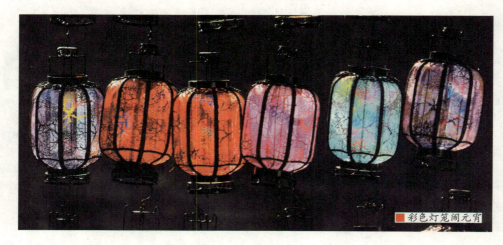

■彩色灯笼闹元宵

■ 神话故事花灯

据说，此联为我国最早的灯联。

此后，历代都有人争相效仿，在大门或显眼的柱子镶挂壁灯联、门灯联，不仅为元宵佳节增添了节日情趣，也为赏灯的人们增加了欣赏的内容。

被称为"父子双学士，老小二宰相"的清代安徽桐城人张英、张廷玉，皆能诗善对。

有一年元宵佳节，张府照例张灯挂彩，燃放鞭炮。老宰相出联试子："高烧红烛映长天，亮，光铺满地。"

小廷玉思索时，听到门外一声花炮响，顿时领悟，对道："低点花炮震大地，响，气吐冲天。"

这副对联对仗工整，天衣无缝，堪称妙对。

最为人津津乐道的是北宋王安石妙联为媒的故事了。据说，王安石20岁时，赴京赶考。元宵节路过某地，边走边赏灯，见一大户人家高悬走马灯，灯下悬

张英 字敦复，一字梦敦，号乐圃，又号倦圃翁，桐城人，清代著名大臣张廷玉的父亲。张英、张廷玉父子在清代居官数十年，参与了一系列大政方针的制定和实行。二人为官清廉，人品端方，均官至一品大学士，是历史上著名的贤臣良相。同时二人还是史家公认的学者大儒。

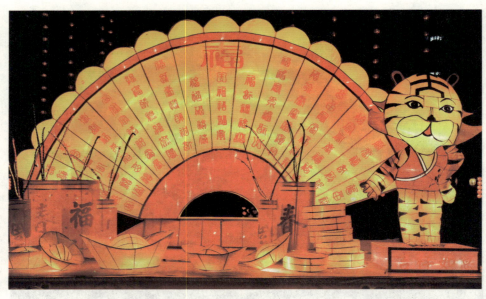

张灯结彩

元宵习俗与彩灯文化

■ 元宵节祝福花灯

明成祖（1360—1424），朱棣，明朝第三位皇帝，朱元璋第四子。1402年夺位登基，改元永乐。他5次亲征蒙古，多次派郑和下西洋，编修《永乐大典》，疏浚大运河。朱棣1421年迁都北京，对强化明朝统治起到了非常积极的作用。他在位期间经济繁荣、国力强盛，百姓安居乐业，这一时期史称"永乐盛世"。

一上联，征对招亲。对联说："走马灯，灯走马，灯熄马停步。"王安石见了，一时竟对答不出，便默记心中。

到了京城，主考官以随风飘动的飞虎旗出对："飞虎旗，旗飞虎，旗卷虎藏身。"王安石即以招亲联应对，便被取为进士。

归乡路过那户人家，闻知招亲联仍无人对出，便以主考官的出联回对，随之被招为快婿。一副巧合对联，竟成就了王安石人生中的两大喜事。

传说明成祖朱棣于某年元宵节微服出游，遇见一位秀才，谈得颇为投机。朱棣出上联试他才情，对联说："灯明月明，灯月长明，大明一统。"

那秀才立即对出下联："君乐民乐，君民同乐，永乐万年。"永乐是明成祖年号。朱棣大喜，遂赐他为状元。

到了清朝，有一年元宵节，乾隆皇帝带着一群文武大臣，兴致勃勃前去观看灯会。左看各种灯笼五颜六色，美不胜收；右瞧各种灯笼别致风趣，耐人寻味，心情大好。

看到高兴时，乾隆皇帝让陪他的大臣们也出了一谜联，让大家猜一猜。随同的大学士纪晓岚稍思片刻，就挥笔在宫灯上写下一副对联：

黑不是，白不是，红黄更不是。和狐狼猫狗仿佛，既非家畜，又非野兽；
诗不是，词不是，论语也不是。对东西南北模糊，虽为短品，也是妙文。

乾隆皇帝看了冥思苦想，文武大臣一个个抓耳挠腮，怎么也猜不出来。最后，还是纪晓岚自己揭了谜底，原来是"猜谜"两字。

这些富有情趣的故事，让历代无数人为元宵灯会而着迷，乐此不疲。

乾隆 清高宗爱新觉罗·弘历，清朝的第六位皇帝，年号乾隆，寓意"天道昌隆"。他25岁登基，在位60年，退位后当了3年太上皇，是我国历史上执政时间最长、年寿最高的皇帝。他在位期间平定了叛乱，巩固发展生产，文武兼修，是一代有为明君。

033

丰富意蕴

彩灯文化

■ 双龙戏珠彩灯

■ 色彩斑斓的花灯

张灯结彩

元宵习俗与彩灯文化

私塾 我国古代社会一种开设于家庭、宗族或乡村内部的民间幼儿教育机构。它是旧时私人所办的学校，以儒家思想为中心，它是私学的重要组成部分。新中国成立前夕，一些私塾的学董因为土地被充公而丧失了聘请塾师的能力。同时，随着对塾师的思想改造工作的进一步深入，部分塾师感到不再适合设馆谋生，便另图他业。新中国成立后，私塾逐渐消失。

元宵节猜灯谜又叫"打灯谜"，是元宵节后来增加的一项活动。

灯谜是我国特有的文字游戏，始自古代隐语。它将事物或语句的真相暂时隐藏，另以一种与这事物有关的特色或背景，组成优美韵诗或通俗文字，以悬疑质难他人。

六朝以后一直到唐代，文人嗜谜者多。谜语悬之于灯，供人猜射，开始于南宋。据《武林旧事·灯品》记载：

以绢灯剪写诗词，时寓讥笑，及画人物，藏头隐语，及旧京诨语，戏弄行人。

元宵佳节，帝城不夜，春宵赏灯之会，百姓杂陈，诗谜书于灯，映于烛，列于通衢，任人猜度，所以称为"灯谜"。

南宋时，首都临安每逢元宵节时制谜，猜谜的人众多。开始时是好事者把谜语写在纸条上，贴在五光十色的彩灯上供人猜。当时名为"灯谜"，属于一种益智娱乐。这一习俗一直延至明清两代。

到了晚清时期，灯谜的文学价值渐渐消逝，就发展成为通俗的谜语，供人们玩赏。

元宵节这天，除了要吃元宵、提灯笼、射灯谜等民俗活动外，新竹地区客家族在农业时代，还流传吃菜包、祈求六畜兴旺、借钱、借柑等过节习俗。

元宵节为何以"灯"为主题？这是因为，以往的私塾通常都把正月十五作为开课日，当天的重头戏则是"开灯"仪式，即由学生备妥一盏灯带到私塾，由老师点燃后，再由学生提着回家，象征前途光明吉祥之意。

而客家人提灯笼的习俗也饶富趣味，一对结婚的新人，在元宵节这天，需带着一只灯笼，前往土地公庙或庙宇向神祈求赐子，然后将灯笼悬挂于庙内。因为求子是求丁，客家话里"丁""灯"同音，亦即是"求丁献灯"之意。若顺利得子，次年的元宵节还愿时，需带两个灯笼祭拜，以示继续"求丁"之意。

035

丰富意蕴
彩灯文化

■ 艺术花灯

球形花灯

　　如今每逢元宵节，各个地方都打出灯谜，希望当年能喜气洋洋，平平安安。因为谜语能启迪智慧又饶有兴趣，所以流传过程中深受社会各阶层民众的欢迎，并逐渐成为一种独特的文化现象。

阅读链接

　　传说，关于灯谜，还有这样一则笑话。说有个姓胡的财主横行乡里，人人叫他"笑面虎"。

　　有一年春节将临，穷人王少想从笑面虎家借点粮，却被他骂走了。回家路上，王少忽然心生一计。

　　元宵灯节的晚上，家家户户挂上了花灯，王少也提着一盏花灯上街，花灯上还题有一诗。笑面虎一见，便吩咐账房先生念给他听：头尖身细白如银，论秤没有半毫分。眼睛长到屁股上，光认衣裳不认人。

　　笑面虎一听，知是骂自己，气得面红耳赤，命家丁要抢花灯。王少忙举起灯，笑嘻嘻回道："老爷，你真多心！这四句诗是个谜，谜底就是'针'。"

　　周围的人明知王少的用意，哈哈大笑，此事也越传越远。到了第二年灯节，不少人都将谜语写在花灯上，供观灯的人猜测取乐。

绚丽多彩

各地灯会

我国元宵节赏花灯的习俗已有2000多年的历史。花灯又名彩灯，是我国传统农业时代的文化产物，兼具生活功能与艺术特色。

我国各地的花灯种类繁多，形态千变万化，制作技艺也各具特色，如北京的宫灯、上海的龙灯、广东的走马灯、浙江的硖石灯、哈尔滨的冰灯、四川的自贡灯等。它们都是蜚声中外、享誉灯坛的。

元宵节彩灯体现了我国各民族的才思和智慧，是一种具有浓郁民族特色的艺术品。

定型于隋朝的元宵灯节

东风夜放花千树。更吹落、星如雨。宝马雕车香满路。凤箫声动，玉壶光转，一夜鱼龙舞。

这是辛弃疾的《青玉案·元夕》，这首词生动地记述了南宋时的灯会盛况。这是一个极富游乐性质的群体节俗活动，也是中华民族古

火牛花灯

老文化的一种沿袭。

随着社会的发展，人们也不仅局限于在元宵前后赏灯，在我国的传统节日中，处处可以看到灯会的影子。

灯会始于汉代，兴于唐代，盛于宋代。

春节刚过，人们迎来的便是传统节日元宵节。这个节日最突出的景观，就是围绕张灯、赛灯、赏灯等一系列灯事活动而展开，因而也称"灯节"。

早在2000多年前，汉武帝就"结灯为山，祭祀太乙"。关于灯会的由来，民间还有许多传说。

关于灯会的起源，还有的人说源于晚唐时期。

"年年岁岁花相似，岁岁年年灯不同"，随着商品经济、自然科学与文化产业的发展，对推动灯会的发展起到了重要作用。

《隋书》上说：

> 每当正月，绵亘八里，列为戏，百官起棚夹路，从昏达旦，光烛天地，自是每年以为常焉。

由此可见，隋朝便形成了灯会。在隋朝，受佛教的影响，元宵节除点灯笼之外，还特制一种灯轮，或称花树，轮上还挂若干盏彩灯，是灯会的主要供具。

佛教 与基督教和伊斯兰教并列为世界三大宗教，由古印度的迦毗罗卫国的王子悉达多创立，他姓乔达摩，因为他属于释迦族，人们又称他为释迦牟尼佛，意思是释迦族的圣人。

青玉案 词牌名，取于东汉张衡的"美人赠我锦绣段，何以报之青玉案"的诗句，又名横塘路、西湖路。双调67字，前后阕各五仄韵，上去通押。辛弃疾、贺铸、黄公绍、李清照等人都写过青玉案。

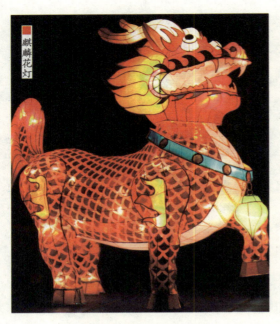
麒麟花灯

隋炀帝一反其父的做法，将元夕灯节的规模、场面都提升到空前的程度。

《资治通鉴·隋纪》中写道：正月十五夜晚洛阳端门一带"戏场缀缀五千步，执丝竹者万八千人。声闻数十里，自昏至旦，灯火光烛天地，终月而罢，所费巨万"。由此可见，我国的元宵灯节在隋代已经基本定型。

唐朝是我国封建社会的鼎盛时期，经济发达，文化昌明，国力强盛。元宵节在这样的社会背景下，得到了进一步发展。唐代的史籍称灯节为灯影之会，自此，元宵灯节则又称灯会、元宵灯会了。

唐朝的皇帝们为了显示与民同乐，不仅是元宵灯节、灯会的决策者、倡导者，而且是积极的参与者。不仅自己微服逛街观灯，而且还允许皇亲国戚及臣僚观灯。元宵节各官署都要停止办公。

711年元宵灯会，长安安福门楼门外的灯轮高达20丈，披饰锦绣，镶嵌金玉，点灯5万余盏，如同一株高大的灯树，光焰四射。宫女千余人载歌载舞，成一代盛观。唐睿宗及皇宫嫔妃们均在门楼上观赏。

唐玄宗时，这位颇有才气的皇帝更注重灯品的精巧、灯会的排场和娱乐的多样化。《广德神异录》记载，每年灯节，玄宗下令"大张灯彩，自禁中至殿庭皆设蜡炬，连属不绝，洞照宫殿，荧煌如画"。

在元宵灯节之后，玄宗还"张临光宴，白露转花，黄龙吐水，金凫银燕，浮光洞、攒星阁，皆灯也"。

尤其令人叹为观止的是，掌握皇宫内营造杂活的尚方司工匠毛顺，巧思独运，技艺精湛，用竹竿缚以彩绸，扎成灯楼12间，高达150尺，缀悬珠玉金银，上扎各类兽形灯，或龙凤，或虎豹，栩栩如生。

微风徐来，金玉交响，龙腾虎跃，光彩熠熠，闻者蜂拥而至，流连忘返，无不盛赞其巧夺天工。

诗人卢照邻的诗《十五夜观灯》生动地描写了元宵灯会的盛况：

锦里开芳宴，兰缸艳早年。
缛彩遥分地，繁光远缀天。
接汉疑星落，依楼似月悬。
别有千金笑，来映九枝前。

由此可见，在唐代，赏灯活动更加兴盛，皇宫里、街道上处处挂灯，还要建立高大的灯轮、灯楼和灯树。

阅读链接

唐代的元宵灯节、灯会中，制灯工艺更趋精美，文化内涵更为丰富，远非前代所能比拟。

唐代刘肃所撰的《大唐新语》记载："神龙之际，京城正月望日，盛饰灯影之会。金吾弛禁，特许夜行。贵族戚属，及下隶工贾，无不夜游。车马骈阗，人不得顾。王主之家，马上作乐以相夸竞。文士皆赋诗一章，以记其事。作者数百人，惟中书侍郎苏味道、吏部员外郎郭利贞、殿中侍御史崔液三人为绝唱。"

这正是唐代灯节的雅致之处和文化氛围之所在，元宵之夜竟有数百名诗人竞相赋诗，其规模之大，佳作之多，是前代难以达到的。

宋代元宵灯会盛况空前

宋代在科学技术方面取得了举世瞩目的成就，火药、指南针、印刷术等重大发明，为人类文明和社会进步，做出了卓越贡献。

宋代文学艺术也开创了全新的历史时期，元宵灯节、灯会也是科学文化的一种载体，自然也得到了极大的发展。

石狮花灯

据《燕翼贻谋录》记载："太祖乾德五年……诏令开封府更放十七、十八两夜灯，后遂为例。"

这就将唐代开创的元宵灯节的放灯由3天增加为5天，元宵游观之盛前所未有，城乡张灯之广遍及全国。连小集镇元宵张灯也要在土地庙前扎小鳌山。朝廷对士民观灯更持鼓励的态度，规定：凡来御街观灯者，赐酒一杯。

■飞马花灯

宋朝元宵灯会时间之长，规模之大，景观之瑰丽，灯具之奇巧，又跨越了前代。

宋朝元宵张灯，其代表作是鳌山灯。

鳌山是上古神话传说中的海中高山。据《列子·汤问》记载：

> 渤海之东有大壑，其下无底，中有五山，常随波上下漂流，天帝令十五巨鳌举首戴之，五山才兀持不动。

宋代元宵灯节，京城、州府普遍以这一传说立意，设计大型鳌山灯组，其构思既与传说关联又有变通，大型鳌山造型通常为一只或数只巨鳌背负山峦，

列子 战国前期思想家，是老子和庄子之外的又一位道家思想代表人物，与郑缪公同时代人。主张清静无为。《列子》又名《冲虚经》，于公元前450至公元前375年所撰，是道家的重要典籍。全书共记载民间故事寓言、神话传说等134则，是东晋人张湛所辑录增补的，题材广泛，有些颇富教育意义。

■ "福"字花灯

伶官 封建时代称演戏的人为伶，在宫廷中授有官职的伶人，叫伶官。后唐庄宗李存勖取得政权后，荒淫腐化，癖好音律，宠用伶人景进、史彦琼、郭门高等，让他们做官掌权，以致败政乱国，只做了3年皇帝便身死国灭。

屏风 古时建筑物内部挡风用的一种家具，所谓"屏其风也"。屏风作为传统家具的重要组成部分，历史由来已久。屏风一般陈设于室内的显著位置，起到分隔、美化、协调等作用。

山上荟萃千百盏华灯，还有山石、树木齐备，点缀以佛、仙、神的雕塑、绘画等。

山上可容乐工伶官奏乐，山前设有大露台，供歌舞演出或工艺品展示。

鳌山灯气势恢宏，体积巨大，叠翠堆金，浮光耀影，常为灯会压轴之作，寓含"江山永固，长治久安"之意。因此帝后、嫔妃、臣僚都要在特定的时辰观赏鳌山灯。

宋代元宵灯节的另一个特点是灯品材质更趋多样，制作更趋精巧。"自非贫人，家家设灯，有极精丽者"。

心灵手巧的制灯人，往往将兽角、翎毛、琉璃、皮革、丝绸巧妙运用，将灯造成牡丹、莲荷、曼陀罗等花卉的形状，更有车舆灯、屏风灯、佛塔灯、鬼子母灯等，还有鲸灯、玉灯、石灯、琉璃灯、缀珠灯、羊皮灯、罗帛灯等。

有用犀珀或玳瑁装饰灯圈、灯座。玉灯则多用白玉组成，石灯为进贡之物，琉璃灯用五色琉璃制作，其上品为无骨灯。无骨灯没有圈骨，圈片浑然一体，上面可绘饰龙综、鱼纹等图案，分光叠翠，效果良好。

缀珠灯以五色珠为网，下垂流苏，飘逸亮丽。

羊皮灯就是在羊皮上精镂细刻并用影戏的方法来妆染做成的一种皮影灯。

罗帛灯之类尤多，或为百花之形，或成网眼之状，间以红白二色，名为"万眼罗"的最为珍奇。

在宋代灯节上，机械传动的大型灯组逐渐增加。

在开封，有人更用辘轳把水引到灯山最高处，用大木柜贮放，到时放下，形成大瀑布状，又用草把扎缚成巨龙，草上密置灯烛数万盏，一见之下，蜿蜒腾挪，如双龙飞走。

在《东京梦华录》中记载，曾用彩带扎成文殊菩萨、普贤菩萨跨狮子、白象像。又在文殊、普贤手指间出水五道，还能让手指摇动。还记载了在宫廷做琉璃灯山，高达5丈，其中的人物都用机关控制，并

■ "春"字花灯

■ 盘龙花灯

扎成大彩楼装着。

宋代灯会上，更将模型景观的制作工艺，推向一个新的高峰。赵忠惠守吴，曾组织制作出春雨堂五大间的灯组。灯楼上汇聚了北宋、南宋两京具有代表性的景物，气势磅礴，瑰丽多姿。

宋代灯节中，还出现了不少后世皆效法承袭的灯品灯组，将灯放置在护城河上组成灯桥，在闹市区街上空悬挂彩索，将灯悬挂在上面组成过街灯。《东京梦华录》中说："以缯彩结束，纸糊百戏人物，悬于竿上，风动宛若飞仙。"

由此可见，机械装置已经在当时被大量运用了。

自宋代开始，元宵灯会上的艺术活动大大增加，形成了万众参与的大众文化活动，有"百艺群工，竞呈奇技"的局面。

每当灯会时，就有市民社团及艺人上街化装游行，表演各种舞蹈、杵歌、傀儡、竹马等节目。

《武林旧事》说，一些人家还"闲设雅戏烟火，

《东京梦华录》 宋代孟元老的笔记体散记文，是一本追述北宋都城东京开封府城市风貌的著作。所记大多是1102年至1125年间北宋都城东京开封的情况，为我们描绘了这一历史时期居住在东京的上至王公贵族、下及庶民百姓的日常生活情景。《东京梦华录》共10卷，约30000字。

花边水际，灯烛灿烂，游人士女纵观，则迎门酌酒而去"。山灯有几百种，而且极具新巧，无所不有。在这种灯的大世界中，灯市应运而生，灯谜呼之而出。

当时的元宵灯节，既有自上而下的组织，又有自下而上的参与；既有朝野同乐，举国同欢的一面，又有兴师动众，民力不堪负载的一面。

宋代元宵之夜的灯市，更是盛况空前。苏东坡有诗云："灯火家家市，笙歌处处楼。"

南宋都城临安，最初只是一些大街旁的茶馆，在元宵节时悬挂花灯售卖，如此数年，渐成气候，遂形成了灯市。灯市一般在元宵节前数天开始。

为了使灯市热闹起来，京尹每年都派人到灯市上巡视，根据各家商铺所悬挂的花灯数量，配给一定的蜡烛、灯油及费用。

到了正月十五，京尹会亲自前往灯市，其随行者会携带一只装满了纸币的口袋，给灯市上的游动小贩

■ 丰收花灯

《水浒传》 施耐庵著，又名《忠义水浒传》，简称《水浒》，作于元末明初，是我国四大名著之一。《水浒传》也是汉语文学中最具备史诗特征的作品之一。是我国历史上最早用白话文写成的章回体小说之一，对我国乃至东亚的叙事文学都有极深远的影响。

发红包，以感谢他们对灯市繁荣所做出的贡献，这叫作买市。

为了保证赏灯百姓的安全，地方官员在安保方面也是下足了工夫。每年的灯会期间，坊间的繁华热闹地带，都点有巨烛或松柴作为路灯，有兵卒站在一旁维持秩序。

路灯旁边还会押着几个罪犯示众，身上写明此人犯罪的缘由。如偷抢妇女头上的钗环首饰，或者举止不端，趁着人多，在妇女身边耍戏等。

其实这些人之前就已犯罪被关押于狱中，将之拿出来顶缸示众，目的是警戒作奸犯科的人，尽可能地将罪案扼杀在萌芽状态。

■ 锦鲤花灯

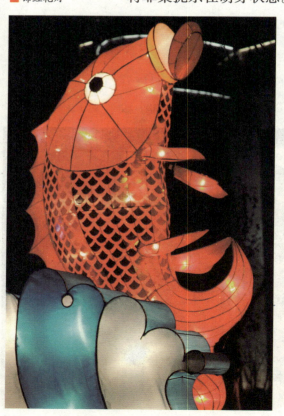

南宋的皇帝对灯会也非常支持。每年元宵节的二鼓时分，皇帝就会乘着小车，带领后宫嫔妃到宣德门上观赏鳌山。

鳌山的规模，在《大宋宣和遗事》中明确记载，到了冬至这天，开始动手造鳌山高灯，灯高16丈，宽265步，中间还有两条鳌柱。

在《水浒传》中，李逵闹东京的背景描写，或许就是取材于这些生活情节。

皇帝赏灯的时候，京尹

会让一批经过挑选，衣着干净、食品卫生的小商贩，或者找来唱歌动听、舞姿曼妙的艺人，在宣德门外等候。

皇帝会宣召这些人到楼上表演，妃嫔内人也纷纷购买商贩制作的零食。

由于不了解价格，她们的花费往往要比常人高出数倍，甚至有商贩因此而一夜暴富。

除此之外，临安的一些大户人家，也在家中的花园水榭

中布置各式花灯，并且开门任人游览，还备以酒菜款待，以显示自己的家势昌盛。

而那些居于幽坊静巷的小户人家，也在门前挂设数盏五色琉璃泡灯以应节，远远看去，倒也别有一番景致。

阅读链接

北宋时期，政治家蔡襄守湖州，为了在元宵节拼凑太平盛世的场面，竟命令不管家贫家富，民间每家每户上元夜必须点灯7盏。

一些过度奢华的灯会也有负面影响。当时有一个叫陈烈的人，做了一个长一丈多的大灯，并写了一首诗在上面，诗道：富家一盏灯，太仓一粒粟；贫家一盏灯，父子相聚哭。风流太守知不知，尤恨笙歌无妙曲！

元明两代灯文化趋于民间化

　　宋代灯会具有浓重政府色彩，元代和明代的灯会，则已演变成了纯粹的市场行为。

　　每年的正月初十至十六，各地的客商和巧匠就会云集京城，将自

茶壶花灯

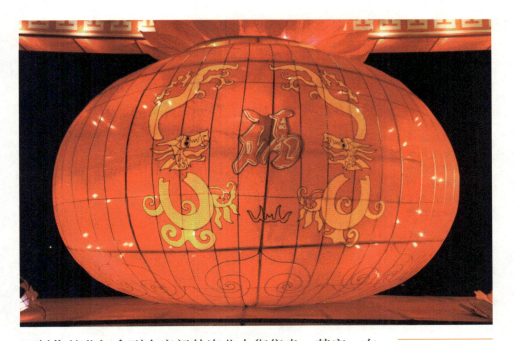

■ 纹龙灯笼

已制作的花灯拿到东安门外迤北大街售卖。其实，在
这短短的数天里，不仅是花灯制作工艺的比拼，也是
经商实力的比拼。

　　明代灯文化的发展沿着民间化、大众化的方向发
展，元宵灯节以绚丽多彩的风姿展示了人民群众的聪
明才智和民俗民情。

　　人们不仅以张灯观灯为乐，而且以灯多灯好斗胜
争强，元宵灯节成了制灯扎灯艺术的赛会。因此，许
多城市乡镇都设有灯棚。场面宏大，灯彩奇巧。

　　京城靠近灯市的商铺和住房，每年到了灯市开市
的时候，租价就会翻番，要比平时贵上数倍，如果不
是生意做得特别大的商人，轻易不敢问津。

　　另外，灯的式样繁多，工艺水平也不断地提高，
有镶嵌珍玩珠宝的灯，也有从邻国或海外购买的灯，
引来的观赏者络绎不绝。其中有一些价格高的灯，一

　　金陵　南京的别
称。历史名城南
京，在漫长的岁
月中曾经有过很
多名称，其中最
响亮的名字莫过
于"金陵"了。
时至今日，金陵
仍是南京最雅致
的别称。金陵是
南京最雅致而古
老的正式名称，
一直沿用至今。
其来历，一般认
为因南京钟山在
春秋时称金陵山
而得名。

礼部 古代官署，南北朝北周始设。隋唐为六部之一。历代相沿。长官为礼部尚书。管理全国学校事务及科举考试及藩属和外国往来等事。礼部下设四司，明清时期为仪制清吏司、祠祭清吏司、主客清吏司和精膳清吏司。

盏就要卖上千两银子呢。

明太祖朱元璋建都南京后，招来天下富商，迁居金陵，举办灯市，市场长10里左右，出售许多各式各样的花灯及节令物品，使元宵灯节的商贸活动达到了前所未有的规模。

1409年，明成祖朱棣在给礼部诸臣的圣旨中说：

> 自正月十一开始，其赐元宵节十日百官朝参不奏事，有急事具本封进取处分。听军民张灯饮酒为乐。

自此，元宵节的假日游庆时间，达到了历史上最长的节假期。

■ 轮船花灯

■ 火龙出水花灯

上元之日，明朝的太监们都要穿上制有灯景图案的褂子。禁中乾清宫前，每日白天放炮，晚上要点燃鳌山。

1433年上元节，张灯西苑，明宣宗朱瞻基奉皇太后之命前往视察，皇后、皇太子都侍候一起前去。并命文武群臣及外国驻京使节前去观看。

在当时，元宵节期间的农村，以灯彩为主要内涵，举办节日娱乐活动。

刘侗、于奕正在《帝京景物略》中记载道：

十一日至十六日，乡村人缚秫秸作棚，周悬杂灯，地广二亩、门迳曲黠，藏三四里，入者误不得迳，即久迷为出，曰：九曲黄河灯也。十三日，家以小钱一百八枚，夜

于奕正 明代宛平县人，字司直。他喜好山水金石，著有《天下金石志》，并与刘侗合撰《帝京景物略》一书。于奕正曾写过一篇《钓鱼台记》，堪称是明代游记中的上乘之作。他的代表作品有《天下金石志》《帝京景物略》和《钓鱼台记》。

张灯结彩

元宵习俗与彩灯文化

曹雪芹（1715—1763），名霑，字梦阮，号雪芹，又号芹溪、芹圃。我国清代小说家。素性放达，爱好及研究广泛。在人生的最后阶段，他历经10年创作了《红楼梦》并专心致志地做着修订工作，死后遗留《红楼梦》前80回稿子，代表了我国古典小说的最高成就。

灯之，偏散并灶门户砧石，曰：散灯也，其聚如萤，散如星。富者灯，四夕；贫者一夕止。

可见，在老幼皆宜的灯会群众活动中，连儿童们也积极参与。在灯会之时，常有儿童组织的游行队伍，手执手提各种动物灯、花卉灯，唱着童谣过市，一派热闹太平的景象。

到了清代，满族入主中原，宫廷不再办灯会，民间的灯会却仍然壮观，只是灯会日期缩短为5天。这种习俗一直延续到今天。

清代沿袭明代旧习，元宵灯节的文化娱乐活动更加丰富多彩。正月十五及前后两天，清宫及北京全市均悬灯庆贺节日。

在宫中，不仅张挂各式华贵的宫灯，而且冰灯也进入了宫廷陈列。

■ 巨型印章花灯

■ 房檐下的灯笼

《冰灯联句》记录了当时灯会的盛况：

> 上元夕，西厂舞灯、放烟火最盛。清晨
> 先于圆明园宫门列烟火数十架，药线徐徐引
> 燃，成界画栏杆五色。每架将完，中复烧出
> 宝塔楼阁之类。并有笼鸽及喜鹊数十在盒中
> 乘火飞出者。……舞罢，则烟火大发，其声
> 如雷霆，火光烛半空，但见千万红鱼奋迅跳
> 跃于云海内，极天下之奇观矣。

清代的元宵灯节上，赛马与马术、焰火的奇幻都在前代之上，而3000人的执灯表演，实际上是现在的团体操了，也是此前绝无仅有的。

曹雪芹在《红楼梦》第十七、十八回中，描写了大观园中的元宵灯节盛景。小说中的大观园当然是虚

《红楼梦》原名《石头记》，曹雪芹著，我国古典四大名著之一。因当时社会环境和手抄流传，仅保存80回，版本很多。通行本的后40回高鹗续。此书是一部具有高度思想性和艺术性的伟大作品，作者根据家族的兴衰的艺术升华，对封建科举制度、包办婚姻、等级制度及社会统治思想等都进行了深刻的批判。

云龙花灯

构的，但曹雪芹所写，应该是清雍正乾隆时期官府灯节的缩影。

小说描写贾元春由皇帝恩准，于正月十五上元之日回家探亲，写道：

展眼元宵在迩，自正月初八日，就有太监出来先看方向：何处更衣，何处燕坐，何处受礼，何处开宴，何处退息。

张灯结彩

元宵习俗与彩灯文化

元夕之夜，贾元妃回家探亲进了大观园，"只见院内各色花灯烂灼，皆系纱绫扎成，精致非常"。"园中香烟缭绕，五彩缤纷，处处灯光相映，时时细乐声喧，说不尽这太平气象，富贵风流"。

这些生动描写，形象地反映了当时灯会的盛况。

阅读链接

到了明代，灯的式样新颖繁多，更有镶嵌珍玩珠宝的灯，也有从邻国或海外贩回来的灯。

明人蒋一葵在《尧山堂外纪》中记载了这样一个故事：明朝年间的元夕灯节，京城有工匠用糯汁烧成琉璃瓶，然后制成花灯。花灯可以贮水养鱼，旁边映衬烛光，透明可爱。黄岩人王古直花重金买了一盏在家，爱不释手，终日耍玩。有天一不小心，他将琉璃瓶碰到地上，摔了个粉碎，悲叹道："吾平生家计在此，今荡尽矣！"

明代花灯的精巧程度、价值几何，从这个故事中可知一二。

天下第一灯的自贡灯会

　　四川自贡灯会以其气势壮观、规模宏大、精巧别致、迷离奇异的特色，组成了时代的交响诗和历史的风情画，以其富有个性的文化品位和艺术魅力，轰动神州，走出国门，名播四海，赢得了"天下第一

自贡灯会

■ 五颜六色的花灯

陆游 （1125—1210），字务观，号放翁，南宋诗人。少时受家庭爱国思想熏陶，高宗时应礼部试，为秦桧所黜。孝宗时赐进士出身。词作量不如诗篇巨大，著有《剑南诗稿》《渭南文集》《南唐书》《老学庵笔记》等。

灯"的美称，极大地推动了灯会艺术的发展。

南国灯城的主要盛会是闻名遐迩、蜚声中外的自贡灯会。南国灯城的形成，以自贡灯会的兴盛发展为其主线，并在城市建设、街景民居、会节庆典、社会生活、文化艺术等诸多方面注入了灯文化的内涵。

自贡灯会的历史沿革与演进发展构成了南国灯城的历史文脉。据史籍记载，唐宋时期自贡地区已逐步形成新年燃灯、元宵节前后张灯结彩的习俗。

唐宋时期的自贡地区，新年和元宵放灯、燃灯之时，民间杂技、杂耍等表演活动也尽现其间，深得观灯民众的喜爱。

1175年，著名爱国诗人陆游曾在《沁园春》一词中写道：

一别秦楼，转眼新春，又近放灯。

可见，当时自贡地区新春张灯、放灯已为约定俗成的民俗活动。

当然，这与生俱来形成的灯会尚有差异。所以，唐宋时期应为自贡灯会的萌芽时期或初始阶段。

自贡地区灯会的成型是在明清时期，逐渐衍化为具有相对固定内涵、并在特定时段进行的并有一定传承历史的大型民俗文化活动。

据《荣县志》记载：

正月人日后，各祠庙皆燃火树，各门首皆点红灯，谓之天灯，寓人寿年丰之意。兼仿古人傩礼鸣金执梃，以驱瘟疫，谓之狮灯场市。

一城数亭、一亭各式、其高数重，构栋雕楼，临春组合，彩笺书画，嵌灯如星，一

清明　我国民间传统节日，是重要的"八节"（上元、清明、立夏、端午、中元、中秋、冬至、除夕）之一，一般是在公历4月5日前后。关于清明节的起源，据传始于古代帝王将相"墓祭"之补。后来民间亦仿效，于此日祭祖扫墓，历代沿袭而成为中华民族一个固定的风俗。

■ 脸谱彩灯

■ 佛像彩灯

亭燃四五百灯，辉丽万有。西人来观，也欣
然京沪所不见也。

以上史料证明，清道光以后的灯会已崭露头角，
其场景已甚为壮观，灯彩已甚为绚丽，较之京城大邑
也毫不逊色。

明清时期，自贡地区灯会的发展和传承过程中，
还有几个节点，成了自贡灯会的地方特色和亮点。

每年正月初七开始，各祠庙均要立灯竿，悬红
灯，举行祭祀活动，时称天会，也称天灯节。

庙内均张灯结彩，庙前均竖立灯竿，燃灯33盏至
36盏。其余的小庙宇则点9盏灯，即灯竿两边持灯9
盏。燃灯时间，少则3天，多则一个月以上，视善男
信女们所捐灯油的多寡而定。

天灯会的高潮是在元月十五元宵之夜。入夜除燃

道光 清宣宗道光
皇帝的年号。清
宣宗道光皇帝，
名爱新觉罗·绵
宁，后改为爱新
觉罗·旻宁，满
族，嘉庆去世后继
位。他是清朝入
关后的第六个皇
帝，在位30年，终
年69岁，葬于清西
陵慕陵。道光帝
处于历史转折的
关键时刻。

灯于高矗的灯竿，庙前庙内灯笼高持外，还要燃放鞭炮、焰火，耍龙灯、狮灯，各种杂耍。牛儿灯、车车灯的表演常常通宵达旦。

自贡天灯会的遗址甚多，至今在城乡保留着众多以灯竿命名的地名。在自贡地区中，灯杆坝几近十处，此外尚有灯杆冲、点灯山、灯会山、灯夹林、点灯坡、五里灯、万年灯、红灯山等，由此可见清代自贡地区灯会之盛。

天灯会的延续名为五皇灯会。贡井地区有庙名五皇洞，相传此处原为一山洞。五皇洞建立后，香火甚旺。

每年冬至到春节，庙内张灯结彩，抬着供品前来祭祀五皇、许愿还愿者，络绎不绝。正月初八起竖灯竿，点红灯，至正月十五元宵节祭祀活动达到高潮。入夜就点烟火，放鞭炮，通宵达旦，热闹非凡。

漂河灯又名放河灯。据史籍记载，清乾隆年间，贡井贵州庙即有办盂兰会之举。办会5天至7天，有放河灯、放焰口等活动。

自贡地区举办盂兰会、漂河灯一般是从中元节即农历七月十五日前两天开始。

人们设斋供佛、祈祷叩拜，以求大慈大悲菩萨普度祖先、超度亡

建筑花灯

062

张灯结彩

元宵习俗与彩灯文化

■瓷瓶花灯

灵。诵经施法，做水陆道场，以求野鬼孤魂不要扰搅凡间。

僧众人等，聚集在河边塘口，在一片诵经祈祷声中，将众河灯放置水面，任其漂流。莲子灯、鲤鱼灯等漂在最前面，称为头灯。

其余则多用红色的厚纸做成斗型的灯，尾随其后，一任漂放。放河灯有时也在晚间进行，河灯盏盏，灿若星河，缓缓流动，发人遐想，甚为壮观。

盂兰会期间，还有一种名为放焰口的习俗，老百姓直呼为放烟火架。焰口的形状一般为各式各样的伞，伞中结彩灯、盘烟花，晚间张放，焰光四射，响声震耳，令人眼花缭乱。

《荣县志》中对此有精妙的记述：

七月十五，各乡馆举行盂兰佛事，夜张花散，其制不一。火之发也，瑰怪溢目。

规模最为宏大的要数清末1909年的皇会。当年光绪帝驾崩，宣统即位，醇亲王摄政。于是，自贡办了一次盛大的灯会，称为"皇会"。

动物彩灯

祭祀光绪皇帝的灵堂设在西秦会馆，遍馆皆挂彩灯，并以此为中心，分成3条线布置瞒天过海，几乎囊括了自贡地区的所有街道，真可谓规模空前。

入夜张灯时，徜徉穿行于街道，令人流连于十里灯河之中。这次瞒天过海活动，白天五彩缤纷，夜里灯光耀眼，游人如织，欢乐嬉笑，热闹异常。

随着社会的发展和变革，自贡灯会也在民族文化的孕育和滋养下逐步精湛和娴熟起来。

阅读链接

人民造就了灯会，灯会造福于人民。伴随着新世纪的到来，自贡灯会以新的胜景奇观、异彩神韵出现在海内外，绽放更加绚丽夺目的光辉。灯会在发展过程中，彩灯艺术得到了更大发展，随着我国科学技术的发展，彩灯艺术更是花样翻新，奇招频出。

传统的制灯工艺和现代科学技术紧密结合，将电子、建筑、机械、遥控、声学、光导纤维等新技术、新工艺用于彩灯的设计制作之中，把形、色、光、声、动相结合，把思想性、知识性、趣味性、艺术性相统一。民俗特色与现代科技巧妙结合，使地方灯会更加富有特色。

荟萃众家之长的成都灯会

成都灯会是在元宵赏灯习俗的基础上发展起来的一种传统的民间娱乐活动。

南宋诗人陆游在《丁酉·上元》诗中描述成都灯会盛况：

突兀球场锦绣峰，游人仕女拥千重；

鼓吹连天沸午门，灯山万炬动黄昏。

成都灯会

■ 九龙壁花灯

　　成都一年一度的灯会在青羊宫举办，这一古老的民间习俗在成都得到了很好的展现，可谓精彩纷呈。

　　成都灯会究竟能追溯到哪个年代，现尚无定论。据有关的文字资料来看，在东汉顺帝时，沛国丰人张道陵在四川鹤鸣山创五斗米道举行的燃灯祭斗仪式，要算迄今为止最古老的原始灯会。

　　在汉晋时期，每逢春月花开时，蜀郡的统治者都要"纵民游乐，嬉戏西园"，同时灯红火耀，以粉饰太平。

　　唐人的《放灯日记》中有唐明皇在天宝十五年，即756年，安史之乱时逃到成都，与道家大法师叶清善上街观灯的记载。

　　前蜀皇帝王建常出游浣花溪，自夜达旦，当时也不定日放灯。后蜀皇帝孟昶曾在上元节到露台观灯。

青羊宫 川西第一道观，坐落在成都西南郊，南面百花潭、武侯祠，西望杜甫草堂，东邻二仙庵。相传宫观始建于周，初名为"青羊肆"。三国时取名为"青羊观"。到了唐代改名为"玄中观"，在唐僖宗时又改"观"为"宫"。五代时又改回"青羊观"，宋代又复名"青羊宫"，沿用至今。

■ 孔明头像花灯

《四川成都府志》上记载：

> 开宝二年，命明年上元放灯三夜，自是
> 岁以为常。十四、十五、十六三日，皆早宴
> 大慈寺，晚宴五门楼，甲夜观山棚变灯……
> 街道灯火之盛，以昭觉寺为最。

大慈寺 位于四川成都，创建于唐代，唐玄宗曾赐额"敕建大圣慈寺"。大慈寺历经兴废，多次毁于兵火。后世所存诸殿是清顺治至同治年间陆续重建的。在唐宋之际，寺以壁画著称，苏轼誉为"精妙冠世"。寺宇宏丽，院庭深广，是成都著名古寺。

由此可见，灯会的规模又日渐扩大了。

陆游在《汉宫春·初自南郑来成都作》一词中还有"何事又作南来，看重阳药市，元夕灯山"记述。

元代的四川，因连续20年的战争，赤地千里，十屋九空。但据当时的费著写的《岁华纪丽谱》查证，元宵佳节时，大慈寺仍是统治者张灯游乐之处。灯会结束后，往往还要举行一个残灯会。

到了明代，灯会又沿袭唐代，并在灯会期间招来天下富商，大办物资交流。入夜则放灯，伴之鼓吹杂耍。当时的情景，想必是非常热闹。

清初的《华阳县志·风俗》说：

灯有狮、龙竹、走马、鳌山、采莲船等名……结棚张灯，光明如昼。

《锦城竹枝词》中也有"上元灯会搭灯棚，走马鳌山数万擎"的描述。当时已经出现了几丈高的鳌山灯、戏文故事灯、琉璃灯和紫檀灯等多种精巧的工艺彩灯。

成都灯会，除了融各地之长外，还兼以造型的优美，做工的精致与立意之新颖见长。

现今彩灯艺人们除选用传统的竹、藤、绸、缎、金属和白糖、玻璃、蚕茧、贝壳、瓷器等材料外，同

竹枝词 一种诗体，由古代巴蜀间的民歌演变而成。唐代刘禹锡把民歌变成文人的诗体，对后代影响很大。竹枝词在漫长的历史发展中，作品大体可分为3种类型：一类是民间歌谣；二类是由文人创作的有浓郁民歌色彩的诗体；三类是七言绝句，这一类文人气较浓，仍冠以"竹枝词"。

■仙人造型花灯

后羿造型花灯

时还不断采用现代的激光、声控、电脑程控等新技术、新工艺，使成都彩灯格外璀璨夺目，绚丽多姿。

尤其是以成吨食糖、上万件瓷器和玻璃瓶制成的巨型灯组，更是令人耳目一新和叹为观止，被称为成都灯会三绝。

成都彩灯表现的题材非常广泛，既有我国古典文学，又有西方名著；既有民间传说故事，又有飞禽走兽和奇花异草。

成都彩灯融形、色、声、光、高、大、新、精和艺术性、知识性、趣味性为一体，人们称赞她是"绚丽的诗，立体的画，有声的雕塑，流动的音乐"。

阅读链接

20世纪早期的成都灯会发展成元宵灯会外，还有夏日的荷花灯会，秋日里的菊花灯会等，其中仍数元宵灯会最热闹。以后，灯会逐渐移到西南郊的青羊宫，并作为传统的民间盛会延续到今天。

成都彩灯在长期的发展中，融会众家之长，形成了自己独特的艺术风格和精湛的制作工艺。

灯会往往以精巧的制作反映鲜明的地方特色和强烈的时代精神，如北方灯的古朴典雅，苏杭灯的雍容华贵，福建广州灯的富丽堂皇，哈尔滨冰灯的冰清玉洁等，都各有其鲜明的地方特色。

争奇斗艳的各地灯会

中华民族拥有多元文化，灯会在发展过程中，也被打上了浓厚的地方烙印。

因此，各地方的灯会也是各不相同、独具韵味，极大地丰富了灯会文化的内涵。其中有著名的甲天下的秦淮灯火，有独具风情的夫子庙灯会，有淳朴的贵州独山花灯及远去的乌镇灯会。

金牛彩灯

■ 月亮彩灯

夫子 （前551年—前479年），即孔子，名丘，字仲尼，春秋末期鲁国陬邑人。我国春秋末期著名的思想家、教育家，儒家学派创始人。孔子是我国文化中的核心学说儒家的首代宗师，被后世统治者尊为至圣、至圣先师、万世师表。

秦淮河为流经南京城最长的一条河流，河畔的元宵灯会因当年明太祖定都南京时下令大闹花灯，与民同乐，共庆升平而兴盛不衰。

明朝迁都后，灯节的官方色彩渐衰而民间色彩却愈浓。秦淮河支流上的一座著名古石拱桥笪桥素为金陵灯业者聚居之地，故每年彩灯的买卖十分兴旺，据说皇帝也曾微服来此赏灯。

清人甘熙所著《白下琐言》说，这里的灯市由来已久，"有银花火树之观"，五光十色，尤为冠艳。

位于南京秦淮河畔的夫子庙，始建于337年，根据王导治国以培育人才为重的提议，立太学于秦淮河南岸。当年只有学宫，并未建孔庙。1034年，东晋学宫扩建成孔庙。因为祭奉的是孔夫子，又称夫子庙。

夫子庙灯会是南京人闹元宵的首选去处。夫子庙灯会也称金陵灯会，是广泛流传于南京地区的民间传统习俗活动，其历史最早可以追溯到魏晋南北朝时期，明代时达到了鼎盛。

夫子庙灯市从笪桥、评事街迁徙而来，又后来居上，每年元宵节前后，这里的灯品琳琅满目，有三星、八仙、聚宝盆、花篮、荷花、西瓜、狮子、鲤鱼、蛤蟆和兔子等诸色花灯。大灯高过真人，小灯小过蜜蜂，均以简洁粗放、淳朴自然为其特色。

每逢农历新年和元宵前后，秦淮河畔处处张灯结彩，一派欢乐祥和、繁荣热闹的节日景象，秦淮灯火甲天下的美誉由此流传开来。

夫子庙灯会以秦淮河水上游览线为轴，串联夫子庙核心景区、东水关公园、白鹭洲明文化主题公园、中华门城堡四大景区，灯展以大型灯组为主，而每个灯组后面都有深刻的文化内涵，都有美丽的典故和传说。如孔子周游列国、状元巡游等灯组。

除了大型灯展，夫子庙灯市也深受游人与南京市民的欢迎。老南京人有句俗话：过年不到夫子庙观灯等于没有过年；到夫子庙不买盏灯等于没过好年。

甘熙 字实庵，晚清南京著名文人、金石家、藏书家。1839年进士。他博览群书，博学强记，编撰了南京方志著述多种，著有《白下琐言》《桐荫随笔》《栖霞寺志》等，还编有《重修灵谷寺志》12卷。其中以《白下琐言》最为后世学人所推崇。

■ 仙人彩灯

■ 仙人彩灯

风筝 一种玩具，在竹篾等的骨架上糊纸或绢，拉着系在上面的长线，趁着风势可以放上天空。风筝源于春秋时代，至今已2000多年。相传墨翟以木头制成木鸟，研制3年而成，是人类最早的风筝，后来鲁班用竹子，改进墨翟的风筝材质，才演进成为今日多线风筝等。

夫子庙灯会、灯市有50万盏手扎的荷花灯、莲花灯、宫灯、兔子灯等传统灯以及各种现代工艺灯。

让人感到过年热闹气氛的还有夫子庙大成殿后开辟的民间艺术大观园，那里经常展示南京四大国家级非物质文化遗产，还引进了风筝、剪纸、灯彩等十余项南京传统民间艺术的现场制作，重建了夫子庙古戏台，吸引了众多游人。

独山花灯是贵州南路花灯的代表。对于它的根源，历来众说纷纭，较为公认的说法是花灯源于唐宋时期的元宵灯会。"灯从唐朝起，戏从宋朝兴""花市灯如昼"等传说和诗句所刻画的，就是唐宋时期灯戏在民间的繁荣景象。

在黔南，无论是汉族地区还是多民族杂居的地区，几乎都有花灯流传，其中独山花灯为全省花灯四大流派之一，以其独特的风格和浓郁的乡土气息享有盛名，在全省花灯中占据重要地位，但花灯这一剧种何时流入独山，目前尚无确切依据。

但是，明朝时期的三次大的军事活动给独山及至黔南花灯带来的影响却不容忽视。

　　这三次大的军事行动，均有大量的外籍军民拥入贵州各地，这些军民大多来自两河流域等文化发达省区，他们所带来的外域文化与本地文化的相互渗透、融合，对独山及至黔南的花灯及地方戏曲的发展产生了深远的影响。

　　到了近代，独山花灯的流传更为广泛，尤其是独山的基长、甲里、峰洞、麻万、兔场、下司等乡镇布依村寨。玩灯时，有的还采用布、汉两种语言混用的做法，形成独山花灯的一大特色。

　　浙江乌镇是江南四大名镇之一，是一个具有6000多年悠久历史的古镇。在旧时，乌镇人称迎神赛会为出会，灯会叫出夜会。"灯会"一词当时只限于书面用语。灯会是江南一带的民风习俗、宗教文化的集中

剪纸 又叫刻纸，是我国汉民族最古老的民间艺术之一，它的历史可追溯到6世纪。剪纸是一种镂空艺术，它在视觉上给人以透空的感觉和艺术享受。其载体可以是纸张、金银箔、树皮、树叶、布、皮、革等片状材料。

■ 巨型鲤鱼彩灯

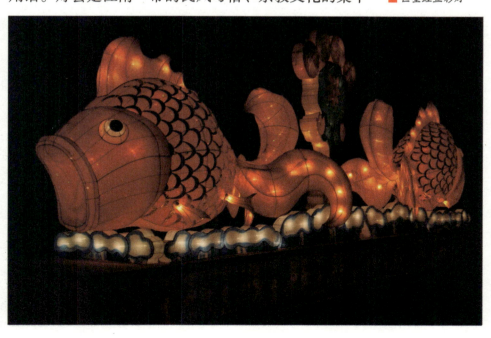

京剧 又称平剧、京戏，是我国影响最大的戏曲剧种，分布地以北京为中心，遍及全国。清代乾隆年间兴起，原在南方演出的三庆、四喜、春台、和春四大徽班陆续进入北京，通过不断的交流、融合，最终形成京剧。京剧流播全国，影响甚广，有"国剧"之称。

展现，闻名遐迩。

乌镇的灯会由东、南、西、北各地和中市的街坊分头筹办，完全是群众自发行为，各栅和中市共有5趟灯会，孰先孰后，自有商会牵头协商排定日程。

在旧时，乌镇的6条街，一趟灯会需要两天才能走完，南栅人称青龙头必须先走，5趟灯会共需历时10天，场面甚是热闹。

每年端午过后，一些坊间、店家便开始为筹划灯会忙碌起来。

灯会上的各种灯虽然无人评判高低，但各自暗中较劲，尤其是制作常在深宅大院之内，秘而不宣，以便到时亮相，引起观者轰动。

灯会道子里以提着、举着灯的人群为主体，间隔插入锣鼓班子和以京剧票房、打唱班为主的丝竹班子，加上各式大型彩灯和抬阁，前后有数百米长。

为期10天的灯会，吸引了四乡八舍的人们纷至沓

■ 太公钓鱼彩灯

来，远郊农村特地开了夜航船，天没黑就拥到镇上，直到深夜看好灯会才乘船返回。

灯会期间，乌镇镇上的流动人口剧增，客栈里人满为患，几乎家家住有客人，各家商店开设夜市、茶馆，酒楼爆满，生意兴隆。一些大户人家、诗人墨客，趁此机会聚亲会友热闹一番。

由于灯会深受老百姓欢迎，每当地方上为灯会筹款时，大家都乐意认捐。各地的灯会都是我国传统文化的见证，都极大地促进了灯会文化的繁荣。

阅读链接

四川自贡的花灯历史悠久，堪称我国现代彩灯的代表。最初自贡地区的各种灯节活动，一般是由各类祠庙主办的。每逢节气，这些祠庙便要点红灯，元宵节还要放鞭炮、燃烟火。善男信女纷纷来到庙宇求神赐福祛邪。

在清末时有资料统计，自贡地区的祠庙竟有1200多处，其中有始建于唐代的荣县大佛禅寺，建于明代的富顺县圣果寺、赖雅庙和灵应寺等。可见自贡民间的灯节活动分布面之广，风情之盛。

传承两千多年的灯文化意蕴

火为灯之源，灯为火之英。相传，从燧人氏钻木取火时期起，就是中华民族繁荣昌盛的开始。

以火为灯，灯光明亮，以彰繁荣，所以说灯为火之英。有灯便出

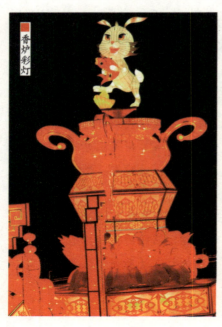

会，三朋四友，聚集灯前，觥筹交错，举酒诗兴，纵论古今，这可能是人间岁岁年年举办灯会的缘由了。

在我国历史和文化当中，灯的寓意占据着重要的地位，用途也非常广泛。元宵灯会也可以说是中国人的情人节。

到了宋代，人们十分重视元宵节，赏灯活动十分热闹，赏灯活动要进行5天，灯的样式也更加丰富。到了明代，则要连续赏灯10天，这也是

■ 城楼彩灯

我国最长的灯节了。

清代赏灯活动虽然只有3天，但是赏灯活动规模很大，盛况空前，除燃灯之外，还放烟花助兴。

随着时间的推移，元宵节的活动越来越多，不少地方节庆时增加了耍龙灯、耍狮子、踩高跷、划旱船、扭秧歌、打太平鼓等传统民俗表演。

这个已有2000多年的传统节日，不仅盛行于海峡两岸，就是在海外华人的聚居区也年年欢庆不衰。

唐代的灯市还出现了乐舞百戏表演的场面，还出现了成千上万的宫女、民间少女在灯火下载歌载舞的盛况，这叫作行歌或踏歌。

在台湾，还有未婚女性在元宵夜偷摘葱或菜，借此期待自己将会嫁到好丈夫的传统习俗，希望婚姻美满的女孩，要在元宵之夜到菜园里偷摘葱或青菜，期待未来家庭幸福。

耍龙灯 也称"舞龙""龙灯舞"，是我国独具特色的传统的民间娱乐活动。"耍龙灯"在我国汉代民间就已相当普遍了。唐宋时期的"社火""舞队"表演中，"耍龙灯"已是常见的表演形式。"耍龙灯"的表演，有"单龙戏珠"和"双龙戏珠"两种。在耍法上，特色不一。

吴用 字学究，是《水浒传》中的人物，梁山排名第三。满腹经纶，通晓六韬三略，足智多谋，常以诸葛亮自比，道号"加亮先生"，人称"智多星"。与晁盖等人智取生辰纲，为避免官府追缉而上梁山。为山寨的掌管机密军师。梁山几乎所有的军事行动都是由他一手策划。

宋代文学家欧阳修在《生查子》中有云：

去年元夜时，花市灯如昼；
月上柳梢头，人约黄昏后。

著名词人辛弃疾在《青玉案》中写道：

众里寻他千百度，蓦然回首，那人却在灯火阑珊处。

这些就是描述元宵情境的古代佳作。而传统戏曲陈三和五娘是在元宵节赏花灯相遇而一见钟情，乐昌公主与徐德言在元宵夜破镜重圆，《春灯谜》中宇文彦和影娘在元宵定情。所以灯节也是中国的情人节。

■ 牌坊彩灯

■ 明月下的彩灯

以明火燃点为灯，而取光明，在我国流传有几千年了。古《辞源》对灯的解释是"焚骨以取光明者也"，它驱走黑暗，变夜为昼，可见灯是征服黑暗的勇士。

民间曾流传着许多关于灯的神话和传说。传说那月宫的嫦娥每晚提灯出来照亮人间。传说佛殿的宝莲灯，帮助三圣母和沉香母子团圆。

《水浒传》中的吴用利用元宵节灯市人潮如涌来作掩护，智取大名府。宋将马知节，镇守边关，在元宵节开灯会摆酒宴，吓退了前来进攻的敌军；又如名将狄青正月十五夜用灯会、酒宴麻痹敌人，狄青席间称病暂退，趁敌不备，夺取了昆仑关。

广东省东莞的榴花塔灯，更有一番讲究。据说在宋朝末年，元兵南侵，宋将熊飞败至广东东莞原籍，组织乡民坚守在榴花堡山头，英勇抗击元兵，战至弹

《辞源》 一部语文性辞典。收录内容一般止于1840年以前的古代汉语、一般词语、常用词语、成语和典故，兼收各种术语、人名、地名、书名、文物和典章制度。单字12890个，复词84134条。全书单字条由字头、汉语拼音、注音字母、广韵反切、声组、释义、书证等组成。

华表彩灯

尽粮绝，最后壮烈牺牲。

后人为纪念这件事，在山顶上修建了七级宝塔。中秋登塔挂悬彩灯数百盏，光辉夺目。后来，民间艺人仿照这个宝塔形象扎成彩灯，以寄托哀思和美好愿望。

史载汉晋之时成都城楼下，每逢春月花开时，蜀郡统治者都要纵民游乐，张灯结彩，以显繁荣。

"初唐四杰"之一的卢照邻《观灯诗》中所写"锦里开芳宴……繁光远缀天……"等句，则记叙了当时灯会之盛大、社会之繁荣。

自从有了电，灯会发展到了一个崭新的阶段。日新月异的科学技术，不仅使"火树银花不夜城"的景象已远远满足不了观众的要求，还使得一般的声、色、形、光、动的景象也得不到观众的喝彩了。

因此，灯会总是需要与时俱进才能创造出新的景象与新的繁荣，才能推进灯会的大发展。

阅读链接

元宵节也是一个浪漫的节日，元宵灯会在封建的传统社会中，也给未婚男女的相识提供了一个很好的机会。

在我国古代，思想较为传统，女人要遵守三从四德，当然，这些都是封建糟粕。在旧社会，年轻的女孩不允许出外自由活动，但是过节的时候却可以结伴出来游玩。元宵节赏花灯正好是一个交谊的机会。

未婚男女借着赏花灯的时机，顺便可以为自己物色可心的伴侣。所以元宵灯节期间，又是男女青年与情人相会的时机。

灯谜文化

　　猜灯谜又叫打灯谜，是元宵节后人们饶有兴趣又喜闻乐见的一项活动。

　　灯谜最早出现在宋朝。到南宋时，每逢元宵节首都临安制谜、猜谜的人就有很多。他们把谜语写在纸条上面并贴在彩灯上让人们猜。灯谜大多轻快活泼、诙谐风趣，深受社会各阶层的欢迎。

　　灯谜的产生与发展，极大地丰富了灯会的文化内涵，提升了灯会的魅力。

由夏朝歌谣演变而来的灯谜

灯谜是我国劳动人民智慧的结晶，是中华民族传统的一门综合性艺术。早在夏朝，就出现了一种用暗示来描述某种事物的歌谣。

随着人类社会的进步和科学文化的发展，到了春秋战国时期，这种歌谣发展、演变成廋辞，也称隐语。

当时列国纷争，人们在进谏时，往往都用隐语道出自己的意见，使君王从中得到启发。

灯谜彩灯

"廋辞"两字最早见于左丘明《国语·晋语》："有秦客廋辞于朝，大夫莫之能对也。"可见那时的这些廋辞和隐语，就是我国灯谜的雏形。

这里讲的是发生于公元前542年的事，虽然没有记录

■ 象征丰收的彩灯

下秦客廋辞的具体内容，但由此可见，春秋时期，廋辞已作为外交斗争的一种形式而登上了大雅之堂，在统治集团高级官员中运用了。

隐语比廋辞较晚出现，如同廋辞一样，也是以形象生动的评议来隐示事物，因而十分流行，上到诸侯将相，下至平民百姓，几乎人人都喜欢隐语。

在当时，有些统治者喜隐言而不好逆耳之言，臣民若要讽谏朝政，就必须投其所好，利用隐语转弯抹角地劝谏。在国家之间的政治斗争中，为了达到不可告人的目的，也往往用隐语掩人耳目，暗中通情。

韩非子《韩非子·喻老》和左丘明《左传·宣公十二年》，分别记载了楚庄王和申无畏以及还无社和申叔展用谜语作答的故事。

开始的谜，流行于口头说猜，三国时期有人把谜写在纸上贴出来令人猜对。直至南朝宋时文学家鲍照

《国语》我国最早的一部国别体著作。它记录了周王室和鲁国、齐国、晋国、郑国、楚国、吴国、越国等诸侯国的历史。上起公元前990年，下至公元前453年，包括各国贵族间朝聘、宴飨、讽谏、辩说、应对之辞以及部分历史事件与传说。

古代牛车彩灯

张灯结彩

元宵习俗与彩灯文化

作"井""龟""土"3个字谜，并以《字谜三首》收入他的诗集后，才有了"谜"字一称。

在南宋，有一些文人学士为了显示才学，常在元宵花灯之夜，将谜条贴在纱灯上，吸引过往行人，因之又有了"灯谜"一称。

谜语在春秋时叫言隐、隐语、廋辞，在汉代叫射覆、离合、字谜，在唐代叫反语、歇后，在五代叫覆射，在宋代叫地谜、诗谜、戾谜、社谜、藏头、市语，在元代叫独脚虎、谜韵，在明代叫反切、商谜、猜灯、弹壁、弹壁灯、灯谜、春灯谜，在清代叫谜子、谜谜子、切口、缩脚韵、文虎、灯虎、春谜、灯谜等。真是叫法花样百出，但都寓含了深刻的意思。

我国著名古典文艺理论家刘勰在《文心雕龙·谐隐》中说：

自魏代以来，颇非俳优，而君之嘲隐，化为谜语。谜也者，回互其辞，使昏迷也。或体目文字，或图像品物，纤巧以弄思，浅察以炫辞。义欲婉而正，辞欲隐而显。

刘勰对谜语从理论上做了高度的概括，对谜语发展的历史，谜语的定义及其特征都做了深刻的分析和精辟的阐述。

民间谜语与灯谜不同，灯谜属于文义谜，而民间谜语除了少量字谜外，都是以事物的特征来隐射的，因此，民间谜语属于事物谜。

民间谜语主要着眼于事物的形体、性能、动作等特征，运用拟人、夸张、比喻等手法来描绘谜底，从而达到隐射的目的。

民间谜语的谜底范围比较窄，除了少量字谜以外，大多数都是事物，如动物、植物、用物、人体器官、自然现象、人类行为等。它的谜面往往是山歌体的民谣，以四句形式出现较多，讲究押韵而有节奏，读之可以朗朗上口，而且形象生动，便于口头传诵。

由于民间谜语通俗易懂，故大多数都适宜少年儿童猜射。因此，有时也把民间谜语称作儿童谜语。

《红楼梦》第二十二回说，在节日晚上，贾元春送来的灯谜及宝玉等孩子所作的灯谜都粘在屏上，让

■ 动物彩灯

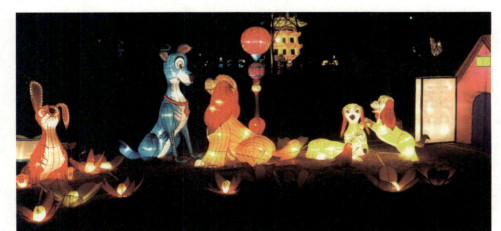

绚丽的佛像彩灯

贾政猜出了不少。连贾母也都说了一个谜。可见，灯谜在当时是一项比较普遍的娱乐活动。

清中叶以后，谜风大盛，还涌现出了许多谜师。

世界各地的华人华侨都有灯谜活动及灯谜学术交流会，不断地促进着灯谜的发展。

阅读链接

在生产力还十分低下的西周以前，出现了谜语的语言现象，即富有隐喻和暗示性质的歌谣，如流行于商代的一首牧歌："女承筐，无实。士刲羊，无血。"

它运用了民间谜语的诡词法，牧场上的一对男女青年，女的拿筐，男的一剪一剪地剪着羊毛。"无实"和"无血"恰到好处，整首牧歌给人的印象是深刻的，既饱含情景交融，热情隽永和诗意，又不失矛盾诡辩、妙趣横生的谜味。

结合汉字结构的灯谜猜法

    灯谜的猜法多种多样，主要有拆字法、离合法、增补法、减损法、半面法、方位法、参差法、移位法、残缺法、通假法、盈亏法、会意法等。

    拆字法也称字形分析法，或增损离合法。它和会意法一样，是灯谜猜制两大法门之一。它利用汉字可以分析拆拼的特点，对谜面或谜底的文字形状、笔画、部首、偏旁进行增损变化或离合归纳，使原来的字形发生变化。这类谜往往虚实结合，须仔细推敲斟酌，才能求出谜底。

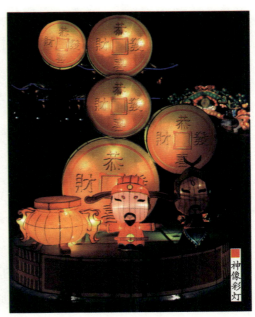

神像彩灯

    离合法是灯谜最常用的猜制手法之一。汉字字形结构复杂，

■ 元宵节灯谜

孟浩然（689—740），我国唐代著名诗人，孟子的第三十三代孙。本名不详，字浩然，世称"孟襄阳"。浩然，少好节义，喜济人患难，工于诗。年40游京师，后隐居鹿门山，作诗200余首。孟浩然与另一位山水田园诗人王维合称为"王孟"。

字中有字，可分可合，变化多端。离合法正是利用汉字这种可以分解又能重新组合并能产生新意的特点，来制作灯谜的。如"绿树村边合"，要求打一字，谜底当然是"林"。

谜面摘自唐代孟浩然《过故人庄》，今运用别解法，如："树、村"二字偏旁都是"木字旁"，为离；再将这两个边旁合起来成为"林"，为合。

又如："如今分别在断桥"，要求打一个《红楼梦》中人物，谜底是"娇杏"。先将"如"字分离成"女"和"口"，再分别放置在"断开的桥"即"木"和"乔"二字上，然后重新组合起来便成"娇杏"二字。

从汉字的特点出发，用离、合的方法作字谜，是从汉代发展起来的。这与汉代盛行图谶有关。刘勰说："离合之发，则明于图谶。"谶语就是借助于字的离合，用谜语的形式做政治预言。

汉末童谣："千里草，何青青，十日卜，不得生！"这是一则暗隐"董卓当死"的谶语。其中"千里草"隐董，"十日卜"隐卓，用的就是拆字离合法。

增补法是根据谜面或谜底带有增加意义的字眼所作的提示，用增补字或者部首、偏旁、笔画的办法求得面底相互扣合。

谜面运用增补法的，如："为中国多做一点贡献"，要求打一字，谜底是"蝈"。这是将谜面别解成为"中国"二字多加"一"字和"、"，结合起来就得出谜底"蝈"字。本谜中表示增加意义的字眼是"为、多做、贡献"。

增补法用于谜底的，如："反"，要求打四字常言，谜底是"吃现成饭"。这是将谜底别解为，如果在"反"字的偏旁出现一个"食"字，谜面就变成"饭"字。而"食"同义转换扣合"吃"。本谜中表示增加意义的字眼是"现"。

减损法是根据谜面或谜底带有减损意义的字眼的提示，从谜面或谜底中减去有关的字或偏旁、部首、笔画，然后使面底相互扣合。

■ 古代生活场景彩灯

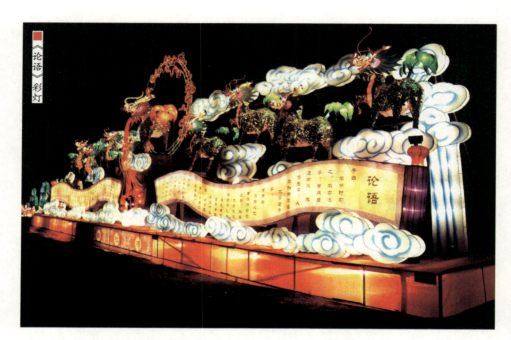

　　谜面运用减损法的，如："明月当空人尽仰"一段中的"明"字，因"月当空"而损去"月"剩下"日"；后段"人尽仰"的"仰"字因"人尽"而损去"人"剩下"卯"等。答案是"昂"。

　　半面法也称"一半儿"谜。采用将谜面汉字各撷取一半部分的手法，而后拼成谜底，谜面大多数带有"半"字。

　　制作半面法谜应注意择面要自然浑成，不可硬凑。同时应注意合乎逻辑，不能模棱两可。例如以"半推半就"为谜面，它既可对"掠"又可射"扰"，犯了一谜多底的毛病，就不足取了。

　　方位法是按谜面文字笔画所指之东南西北、上下左右，内外边角等方位，将有关的字、偏旁、部首或笔画作相应处置，缀为底。这种谜贵在谜面典雅，技巧自然，废弃和撷取部分无斧凿痕迹。

　　参差法是利用汉字的笔画位置变更，无须增损，达到你中有我，我中有你，相互参差之目的。

　　移位法是依照谜面文字的修饰关系，再移动汉字笔画成谜底。

　　残缺法是通过谜面文字残缺组合成谜底。残缺的部位随谜意而定，残缺笔画有多有少，或一笔，或半截，或残边，或残角，灵活运用。如："残花片片入画中"，谜底是"毕"字，这是残去花字的大部分取两个"匕"，画中扣"十"，结合成"毕"字。

通假法是把谜面中的某个字，变今义作古义解释。也称"古通"，这通假带别解成分，有些字还有异读成分。

盈亏法是取文字的笔画，或此多一笔，彼少一笔；谜底作巧妙的调整，谜面含义以顺理成章为妥。如："多少心血得一言"，谜底是"谧"字，以心字多一撇，血字少一撇，然后与言字偏旁组合。

会意法也称字义分析法，它和拆字法一样是灯谜猜制两大法门之一。它从谜面上的文字可能具有的含义去领会、联想、推敲、探索谜底，使谜面谜底经过别解按某种特定的含义相吻合。

除了上述介绍的12种方法以外，还有诸如：一谜多底、旧谜新猜、字字双谜、与虎谋皮、拟面征底、

会意 六书之一。用两个或几个部件合成一个字，把这些部件的意义合成新字的意义，这种造字法叫会意，如"信"字。"人言为信""信"字由"人"字和"言"字合成，表示人说的话有信用。用会意法造出来的字就是会意字，它体现了我国文字的博大精深。

■ 哪吒闹海彩灯

仙乐师彩灯

拆底就面、谜面别解、谜面太泛、一字反义法、谜底别解、有典化无典和底面相克等。

一谜多底是指同一个谜面和谜目，却有多个不同的谜底的现象叫作一谜多底。如："兴会无前"，要求打一个字。这条谜，如果采用减损法来猜射，谜底是"公"字。这是将谜面别解成"兴会"二字没有（无）前面部分，剩下"八"和"厶"合成"公"字。

但如果采用方位法来猜射，谜底却是"金"字。这是将谜面别解成如果把"兴会无"三字的前面部分（即 八、一）组合起来，便拼成一个"金"字。

旧谜新猜是指借民间谜语为面，去猜射灯猜之底的一种新颖别致的灯谜猜射方法，是将民间谜语与灯谜两种不同的猜射方法有机地结合而形成的综合体。

旧谜新猜与灯谜重门格有点类似，它是先根据民间谜语的谜面揭出原来的谜底，再以这个谜底作为中介谜意，运用灯谜别解手法去猜射符合谜目要求的谜底。

字字双谜中的"字字双"原是曲词牌，古今许多谜人们用它做谜面或谜底，从而形成一种灯谜表现形式。如果用字字双做谜面，谜底要求每字笔画组成皆成双数。字字双谜虽然由来已久，但谜味不够浓，扣合较浮泛，这是显而易见的。

灯谜界将灯谜命题创作称为"与虎谋皮"，即按照选定的谜底和谜目，配制谜面。因为灯谜又称"灯虎""文虎"，统称"虎"，谜面自然就是"虎皮"了。

谜面别解是灯谜别解手法之一，指谜底文义取本义解，而谜面文义却取歧义解。

谜面太泛是说在制谜过程中，一底多面的情况是相当多的，但必须取材不同，刻画各异。同一扣法的面句，不能随便更改词汇；反之，同一取材，如既可用这句，又可用那句，谜面的内容怎样改变，都同样扣得住谜底。这种情况称为"谜面太泛"。

■ 天宫仙人彩灯

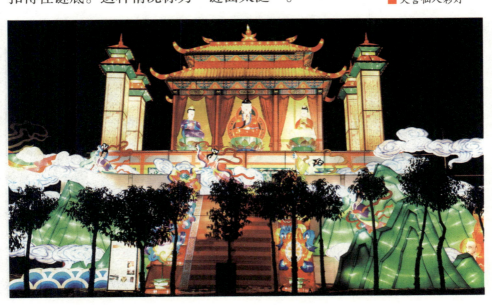

大臣 我国古代对尊贵的官员的称呼。如"大臣执政，不当收恩避怨""赵王与大将军廉颇诸大臣谋"。到清朝则代用为官号。如内官有总管大臣、军机大臣等，外官有参赞大臣、领队大臣等，特遣的称钦差大臣。到清代末年，清廷则把各部尚书都改为大臣，侍郎为副大臣。

一字反义法是指谜面是一个字，谜底也是一个字，但谜底的单字能拆开以反面的意思烘托谜面。如："武"字打"斐"字（非文），"男"打"嫫"（莫女），"鬼"打"俳"（非人），"黑"打"皈"（反白），"乐"打"褒"（休哀）等。

谜底别解也称别解在谜底，是传统正宗的制谜法门，至今仍是人们最为常用的别解手法。它的主要特点是谜面文义取本义解，但谜底文字却取歧义解。

有典化无典是指谜面似乎是借用典故，实际上却布下谜阵，瞒天过海，用其文而避其义，通过对谜面进行别解，从而把谜底推出。如"细君"，要求打3个字口语，谜底为"小皇帝"。

"细君"的典故是：汉武帝赐肉给众位大臣，东方朔抢先拔剑割了一块肉，想带回家。武帝问他为什么，他说带回去给细君。细君是东方朔妻子的名字，后人遂以"细君"泛指妻子。

今撇开原典，将"细君"别解成"小君主"，

■ 鹦鹉花灯

以"细"扣"小""君"扣"皇帝"，遂得出谜底"小皇帝"。

灯谜不仅是一项饶有趣味的文字游戏，有其知识性、趣味性、艺术性，而且也具有一定的宣传教育作用，有其思想性。

总之，对正面人物不能用贬义的谜面，对反面人物不能用褒义的谜面，这条界线还是要区分清楚的。

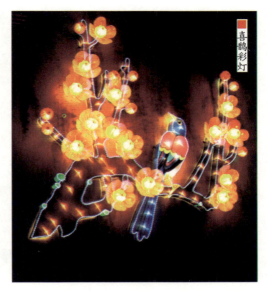
喜鹊彩灯

灯谜谜面与猜谜方法的多样化，足以体现汉语言文字的博大精深。由于汉语言文字博大精深，灯谜的猜法远不止于此。随着时代的进步，制谜更是达到了思想性与艺术性的统一，使得灯谜真正具有了社会价值。

阅读链接

灯谜设计谜面在讲究技巧和趣味的同时，还要考虑到底面之间的褒贬关系及其社会宣传效果，应赋予它健康、向上、积极的思想内容。

如果底面含义相矛盾，内容悖谬，褒贬失调因而与政治常识与思想常识相违背，就叫底面相克。

如以"千里姻缘"为谜面打法律名词"重婚"，谜面本是褒意，谜底却扣出了"重婚"之罪。又如以"出口产品"打三字口语"不中用"，谜底别解作"不为中国所使用"，但面底一联系起来，似乎是说中国的"出口产品"是"不中用"的东西，这就不好了。对于人物的褒贬更应注意。

精巧玲珑的各地元宵彩灯

我国花灯是多种技法、多种工艺、多种装饰技巧、多种材料制作的综合艺术。

在众多精巧玲珑的花灯中，

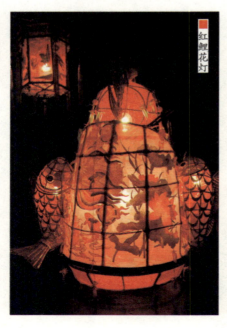

红鲤花灯

可分为两大类：一是千姿百态的动态表演性花灯，如狮子灯、龙灯、走马灯、鲤鱼灯、蚌壳灯等；二是琳琅满目的静态观赏性花灯，如苏灯、太谷灯、扬州瓜灯、佛山柚皮灯、宫灯等，巧夺天工，美不胜收。

花灯通常分为吊灯、座灯、壁灯、提灯等，它是用竹木、绫绢、明球、玉佩、丝穗、羽毛、贝壳等材料，经彩扎、裱糊、编结、刺绣、雕刻，再配以剪纸、书画、诗词等装饰制作而成的综合工艺品，也是我国传

统的民间手工艺品。

■ 蚂蚁花灯

扎彩灯的手艺一般是代代相传的，彩灯艺人们用祖传的手艺活，继承着元宵佳节的传统风俗。

彩灯只在春节至元宵节的这半个月卖，但是准备工作和扎灯却是一整年都没停。通常，彩灯艺人是在元宵节后休息半个月，然后开始着手下一年彩灯的材料，七八月份便开始扎彩灯了。

彩灯看似简单，背后却有着20多道工序。首先，将买好的纸张压出皱纹，染上各种颜色；等染渍干的时候，就可以让人送来竹子，再根据一定的尺寸破竹、做竹篾、扎骨架；然后开始剪纸、折纸，做成各种需要的形状。最后，再挂上红色的挂穗，一盏简单却漂亮的彩灯就做成了。

我国最著名的彩灯是东至县彩灯。东至县位于安徽省南部深山之中，这里的彩灯已入选了第二批国家

刺绣 在纺织物上绣制的各种装饰图案的总称。就是用针将丝线或其他纤维、纱线以一定图案和色彩在绣料上穿刺，以缝迹构成花纹的装饰织物。刺绣是我国民间传统手工艺，已有两三千年的历史。主要有苏绣、湘绣、蜀绣和粤绣四大门类。

■ 动物花灯

级非物质文化遗产名录。

在东至县，民间艺人自古以来就有利用本地所产的竹、木、藤、金属等材料制作各色彩灯的传统。闹彩灯也就成了这里民间最常见的娱乐活动。

东至县彩灯的历史可上溯到1000多年前的唐代后期，它由磨盘灯、六兽灯、八仙过海灯、五猖太平灯、龙灯、狮子灯、蚌壳灯等10多种形式各异的彩灯组成。

彩灯的主要种类以本乡本土为主，也有从外地流传到东至的，表演形式丰富多样，内容涉及民间舞蹈、音乐、手工技艺和宗教信仰等诸多领域。

在东至县，制作和表演彩灯主要以官港、张溪、石城、高山、木塔等乡镇的20多个家族为主。他们以家族为演出单位，以请神祭祖、驱邪纳福、祈求太平为目的。

历史上的东至县，每年春节期间都要举办灯会，一般从正月初二开始至正月十五元宵节结束。

张溪镇东湖村是磨盘灯的传承地。磨盘灯的主体结构是两个带装饰的大小木盘。玩灯时，由两人在大盘中推动。灯顶端有四角凉亭，舞动时，灯盘上伫立6个少年，手提花篮，在管弦锣鼓伴奏中随盘转动，口唱戏文，自由起舞。灯架上另外还扎有五色花鸟、走兽等装饰物。

这个磨盘灯是200多年前从江西引进，每年都是用来庆祝丰收年景的。所以，每年新年的正月初二就开始耍灯。这个灯总的来说是人团圆，灯团圆，花好月圆。预祝新的一年里，人团圆，丰收年。

流传在东至县石城乡境内的彩灯是六兽灯。东至县靠近佛教圣地九华山，民间习俗受佛教文化影响很深。九华山以及当地寺庙中常见到独角兽、青狮、白

宗教 人类社会发展到一定历史阶段出现的一种文化现象，属于社会意识形态。主要特点为，相信现实世界之外存在着超自然的神秘力量或实体，该神秘统摄万物而拥有绝对权威、主宰自然进化、决定人世命运，从而使人对这一神秘产生敬畏及崇拜，并从而引申出信仰认知及仪式活动。

博大精深

灯谜文化

■ 童子花灯

■ 巨兔花灯

象、麒麟、鹿、獐六兽的塑像。当地居民把这六兽视为吉祥物，依照这六兽的形体扎制彩灯，高悬在门头之上，六兽灯因此而得名。此外，数字六还是取"六六大顺"的吉祥之意。

元宵节一过，这里的村民们会将六兽灯集中在村口焚毁，用当地人的话来说就是"行火升天"，这被称作圆灯，来年再玩再扎。

此外，在高山乡金塔村流行的五猖太平灯，模仿人神共舞的场面来烘托热闹喜庆的气氛。为了增加喜庆气氛，先人们还将舞狮子与之结合，这使得五猖太平灯成为一种有灯有戏、有舞有唱、有狮子有神鬼的古朴民间文化艺术形式。

近几年，随着科学技术的发展和人们自娱自乐意识的增强，已经推陈出新，增添了钢筋铁骨灯架，微型马达、新式电声光源入灯的现代化彩灯新品种。如

唐僖宗（862—888），李儇，唐朝第十八位皇帝。唐懿宗的第五子，初名俨，在位13年。懿宗病重弥留之际，他在宦官的支持下被立为皇太子，改名李儇，并于懿宗的灵柩前即位。

能摇头摆尾招手致意、并用几国语言向观众问候的恐龙灯和能够展示火箭发射、飞天、回收整个过程的火箭灯，使元宵彩灯赋予了强烈的时代特色。

如今的元宵彩灯不仅是民间彩灯艺人彩扎、糊裱、剪纸、刺绣诸工艺与智慧的集中展现，它还是现代科技之光在彩灯上的折射。

此外，我国福建泉州的花灯更是冠绝天下。据花灯专家介绍，泉州的灯节始于唐朝。在唐僖宗时，左仆射傅实奉旨南下驻于泉州丰州，将闹花灯习俗也带到了泉州。此后，每年正月十五，家家张灯结彩，街道宛如灯河，男女老少争相出来观灯，歌舞升平，通宵达旦。

在宋代，泉州的灯节发展到了顶峰，花灯之盛，冠绝天下，形成上品花灯，有"春光结胜百花芳，元夕分华盛泉唐"之说。

特别是南宋，在泉州设南外宗正司，管理3000多名来泉州定居的皇室宗亲。他们仿照临安大放花灯，

麒麟 也作骐麟，简称麟，是我国古籍中记载的一种动物，与凤、龟、龙共称"四灵"。它是神的坐骑，古人把麒麟当作仁兽、瑞兽。雄性称麒，雌性称麟，明代郑和下西洋带来了长颈鹿后，又用来代指长颈鹿。常用来比喻杰出的人。

■ 飞天彩灯

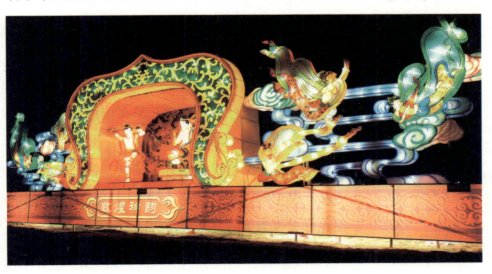

■ 月老花灯

上元节的活动热闹壮观。甚至连京城、杭州点灯都委托泉州府尹、南安知县雇工精制。

清末《温陵岁时记》记载：

> 上元灯——市人制灯出沽，或以五色纸，或以料丝，或扎稻草，作花草人物虫鱼，燃以宝炬，惟妙惟肖，俗名古灯。恒于府治西畔双门前作灯市……

福州花灯有着悠久的历史。早在唐代，福州就成为全国盛行花灯活动的十大城市之一。

每当元宵之际，民间制灯、买灯、赏灯、送灯尤为活跃。南宋时，在杭州举行的全国灯赛中，福州、苏州花灯被评为上品，蜚声海内。

周密在《武林旧事》一书中记载，福州进贡京城

寿山石 一种以迪开石、叶蜡石、伊利石等矿物为主、并达到图章石雕琢工艺要求的岩石。因主要产于福建寿山而得名。分布在福州市北郊晋安区与连江县、罗源县交界处的"金三角"地带。若以矿脉走向，又可分为高山、旗山和月洋三系。经过1500年的采掘，寿山石的品种达100多种。

的花灯，"纯用白玉，晃耀夺目，如清冰玉壶，爽彻心目"。据分析，当时制灯用的"白玉"，实际上是由寿山石切薄后磨制而成。

每年的正月十五，闽北各地的龙灯、花灯都会聚在一起，举行赛灯和踩街。闽北山乡元宵灯，不仅蕴含了乡村俚俗所富有的深刻的文化内涵，而且还古俗相沿，遗风尚存，充满了神话般的传奇与精彩。

烛桥灯是集剪纸、贴花、裱糊、制作技艺为一体，由每个农户出"板"一块，板约长2米，板上固定两三盏花团锦簇、精巧别致的纸灯，每灯一烛，板板相串，连接成"桥"，有的几百米，甚至上千米。

它在山乡田野间行走，逶迤蜿蜒，远看像是一座灯的桥，所以称它为"烛桥"，有称"板凳龙"，也有称"游蛇灯"。由于连接的木插销是活动的，虽然庞大无比，但是操作起来十分灵便。

由100多人各抬一板组成，几百米的烛桥灯，亦动亦静，气势磅礴又柔美优雅，极具观赏性。因为筠竹村坐落在海拔千米的茫荡山上，元宵节当日，烛桥灯从高山上下来，真如神灯天降，几百名的壮汉裸胸上阵，在"咚咚咚"的鼓声中气势非凡。

建阳黄坑烛桥灯恰似一条御风穿云的蛟龙，队伍行进时，鼓乐开道，礼炮齐鸣，气势宏伟壮

贴花 陶瓷器的传统装饰技法之一。使用印模印出纹饰后贴于器物上，再施釉烧成。唐代在青釉褐斑器物上贴花，有人物、禽鸟、双鱼、花卉、园景等纹，具有浓郁的地域特色。巩县在三彩罐、瓶、壶上贴有各种团花纹饰，施加鲜艳的彩釉，增加了器物的美感。

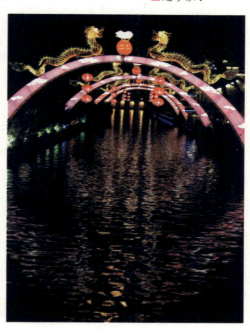
■ 龙形彩灯

观。一只直径近1米的牛皮大鼓，由两名鼓手舞动鼓槌，忽而急如流星，忽而行如流水。

操持烛桥的"桥手"，年长者达六旬，年少者十五六岁，个个精神抖擞，组成了布列有序的长蛇。倘若是在大操场上表演，数条长龙穿梭表演"万""寿"等字样，更使人们眼花缭乱，目不暇接。

进入春节，武夷山枫坡村以"拔烛桥、舞花灯"的方式闹元宵，展现出深厚的文明内涵。

闽北各地的花灯犹如一件件艺术珍品，灯的里里外外都被雕琢、修饰。每盏灯的外罩全是透明玻璃纸，四面贴有剪纸作品，有"梁山好汉""红楼倩影""杨门女将"等。还有动物花草和反映农村生活题材的"骏马飞跃""五谷丰登"等。此外，还有诗词、楹联、谜语。

这些剪纸作品栩栩如生，色彩鲜艳，清新美观，寓意深刻，为闽北山乡的节日增添一道美丽的风景，呈现出纷繁的异彩。

阅读链接

关于武夷山枫坡村以"拔烛桥、舞花灯"的方式闹元宵，其中还有一段传说故事呢！

据传，这种独特的传统习俗和禁赌有关。相传清咸丰年间，京官邱美金的爹爹见家乡赌博成风，土地荒芜，心中十分焦急。

于是他心生一计，假托京城传话给家乡称：由于赌博的瘴气遮住了家乡，麒麟看不到家乡的田，保不住丰收与平安，村民务必在正月里赶制百盏花灯，百个可插蜡烛的木架，在正月十四至十六三天绕村游行，然后把花灯堆放燃烧，将赌具一一投入火中焚毁，清除瘴气，以求麒麟保佑。

乡民们便照此办法，焚烧赌具，安心生产，果然风调雨顺，人畜兴旺。此后，此习俗代代相传，逐渐演变成"拔烛桥、舞龙灯"的活动。

元宵历史

团团圆圆

在我国，元宵节人们都要吃元宵。元宵，即汤圆，以白糖、芝麻、豆沙、黄桂、核桃仁、果仁、枣泥等为馅儿，用糯米粉包成圆形，可荤可素，风味各异。

元宵有团圆美满之意。陕西的汤圆就不是包的，而是在糯米粉中"滚"成的，可煮食，可油炸，寓意元宵节人们红红火火，团团圆圆。

关于元宵的来历不仅有美丽的传说，更有其悠久的历史。团团圆圆的元宵，寄托了人们对未来生活的美好期望。

起源于春秋时期的元宵美食

元宵作为食品，在我国由来已久。民间相传，元宵起源于春秋时期的楚昭王。

一年的正月十五，楚昭王经过长江，见江面上有漂浮物，为一种外白内红的甜美食物。为此，楚昭王请教孔子，孔子说："此浮萍果也，得之主复兴之兆。"

在元宵节吃元宵的同时，人们还要吃些应节食物，如在南北朝时期浇上肉汁的米粥或豆粥。但这项食品主要用来祭祀，还谈不上是节日食品。

到了唐朝，郑望之在《膳夫录》中有这样的记载："汴中节食，上元油锤。"由此可见，唐宋时期就出现了元宵节的应节食品油锤。

宁波汤圆艺术木雕

在宋代《岁时杂记》中说：
"上元节食焦䭔最盛且久。"说明
油䭔为宋代的汴中，即今河南开封
元宵节的节日食品。

油䭔是一种什么样的食品呢？
据宋代的《太平广记》记载：油热
后从银盒中取出䭔子馅。用物在和
好的软面中团之。将团的䭔子放到
锅中煮熟。用银策捞出，放到新打
的井水中浸透。再将油䭔子投入油
锅中，炸三五沸取出。吃起来"其
味脆美，不可言状"。

■ 汤圆制作

唐宋时的油䭔，就是后世所言的炸元宵。油䭔经
过1000多年的发展，其制法与品种已颇具地方特色，
仅广东一省，便有番属的"通心煎堆"、东莞的"碌
堆"、九江的"煎堆"等，可谓唐宋食风犹存。

唐朝的元宵节食的是面蚕。吕原明的《岁时杂
记》就说道：

京人以绿豆粉为科斗羹，煮糯为丸，糖
为臁，谓之圆子盐豉。捻头杂肉煮汤，谓之
盐豉汤，又如人日造蚕，皆上元节食也。

到了宋代，民间就流行一种元宵节吃的新奇食
品。这种食品，最早叫"浮元子"，后称"元宵"，
生意人还美其名曰"元宝"。

■ 桂花酒酿汤团

到了明朝，人们就以元宵来称呼这种糯米团子。其制法是用糯米细面，内用核桃仁、白糖、玫瑰为馅儿，洒水滚成，如核桃大，这就是江南各地所称的汤圆。

清朝康熙年间，御膳房特制的八宝元宵，是名闻朝野的美味。早在康熙年间即为朝野所传闻。名剧《桃花扇》的作者孔尚任，对八宝元宵曾有这样的诗句："紫云茶社斟甘露，八宝元宵效内做。"

马思远是当时北京城内制元宵的高手，他制作的滴粉元宵远近驰名。符曾的《上元竹枝词》写道：

桂花香馅裹胡桃，江米如珠井水淘。
见说马家滴粉好，试灯风里卖元宵。

诗中所咏的，就是鼎鼎大名的马家元宵。

张灯结彩

元宵习俗与彩灯文化

康熙（1654—722），清圣祖仁皇帝爱新觉罗·玄烨，清朝第四位皇帝，清定都北京后的第二位皇帝。年号康熙，取万民康宁、天下熙盛的意思。他8周岁登基，14岁亲政。在位61年，是我国历史上在位时间最长的皇帝。奠定了清朝兴盛的根基，开创出康乾盛世的局面。

阅读链接

北宋以前的元宵是实心的，无馅，下在烧开的水中，配以白糖、蜜枣、桂花、桂圆等物。

南宋出现的中间包糖的乳糖圆子，大概是较早的有馅元宵。南宋时期，仅临安的上元节食品，便有乳糖圆子、山药圆子、珍珠圆子、澄沙圆子、金橘水团、澄粉水团和汤圆等。

其后，元宵馅又有甜咸之分。甜馅一般用白糖、红糖、桂花、果仁、芝麻等制作；咸馅多为荤馅，单包肉或肉蔬合包。

传统元宵的制作方法和食用

我国人民过元宵节，有吃元宵的习俗。全国各地对元宵的制作方法也不尽相同，叫法也不一样。但食用元宵的文化内涵却是一致的。

近千年来，元宵的制作日渐精致。光就面皮而言，就有江米面、黏高粱面、黄米面和苞谷面等多种面皮。馅儿料的内容更是甜咸荤素，应有尽有。

甜馅有桂花白糖、山楂白糖、什锦、豆沙和花生等。咸的有猪油肉馅儿，可以做油炸炒元宵。素的有芥、蒜、韭、姜组成的五辛元宵，有表示勤劳、长久、向上的意思。

元宵的制作方法，南北各异。北方的元宵多是罗滚手摇，南方的汤圆则多用手心揉团。元宵有的大似核

鸡肉汤圆

■ 赖汤圆

文火 中药学名词，指熬药时火要小而缓。药物煎沸后，一般用慢火、微火煎煮。味厚的滋补药适宜用文火久煎。在文火的使用上，有主在武火前使用的，有主在行武火结丹后使用的，应根据实际情况决定。微火、慢火属于文火，"紧火"属于武火。

桃，有的小似黄豆。

元宵的吃法有多种。

一是煮元宵。煮元宵时要多放些水，水烧开后将火调小，见水面有轻微的滚动时，便可将元宵下到锅里，文火煮10分钟后，松软了即可起锅食用。

二是炸元宵。先把元宵煮熟，晾凉，然后再炸，这样不会炸崩了皮，同时也省油。如果炸生元宵，最好先放在鸡蛋清里滚一下，再放到油锅里炸，这样既安全，又能使炸出的元宵带有鸡蛋味。炸元宵时，需不断地翻动，以免炸得不均匀。

三是元宵改制汤圆。把买来的元宵掰开，取出馅，再将掰碎的元宵皮掺点水和成面，把取出的馅一个个地用面包上、揉圆。这样改制的元宵，容易煮，吃起来黏软可口，很像南方的汤圆。

上海人将元宵称作汤圆或圆子、团子。是用糯米粉搓成球状，再包上甜馅儿或肉馅儿。在上海所属的县、区农村中，还有一种荠菜圆子，别有风味。

上海松江元宵节做的糯米团子，有汤煮和蒸制两种，汤煮的大都是鲜肉馅儿或糖馅儿；蒸制的多为素馅儿。荠菜以外还有萝卜丝、白果、芝麻等馅儿料。

而无锡人在元宵节的早晨吃荠菜、糯米糕或汤圆，中午吃春卷，晚上全家在一起吃团圆饭。这天茶馆里泡茶，惯例要加进青橄榄，俗称"吃橄榄茶"，又称"吃元宝茶"。橄榄象征元宝，寓意发财得福。

元宵吃起来美味可口，其外形浑圆，象征着团团圆圆，幸福吉祥。

元宵节吃元宵汤圆，是我国的传统习俗。全国各地有不少驰名的风味汤圆元宵。

在20世纪初，简阳人赖源鑫到成都挑担卖汤圆，因其汤圆质好、味美，人们称作赖汤圆。该汤圆选用上等的糯米粉加水揉匀，包上用芝麻、白糖、化猪油配制的馅心。该汤圆的特点是香甜滑润，肥而不腻，糯而不黏。

四川心肺汤圆，是四川彭水的风味小吃，以糯米粉制皮，将豆腐干、冬菜切碎，用猪油炒后制馅，煮熟配上卤煮的猪心、猪肺及多种调味料。食用时，再调以葱花、蒜末、花椒粉、辣椒等，鲜香可口。

长沙姐妹汤圆，是长沙一家餐馆的著名风味小吃，由于早年经营这款食品的是姜氏两姐妹，故此得名。长沙姐妹汤圆做法是以糯米、大米磨浆，取粉制

元宝 由贵重的黄金或白银制成，一般白银居多，黄金少见。在我国货币史上，正式把金银称作"元宝"，始于元代。不过，早在唐初开元通宝行世时，民间就有读为"开通元宝"的。而元代呼金银钱为"元宝"，则是元朝之宝的意思，黄金质地称金元宝，银锭则称银元宝。

■ 藕粉汤圆

皮，用枣泥、白糖、桂花做馅。其色泽雪白、晶莹光亮、小巧玲珑、香甜味美。

上海擂沙汤圆是上海著名的小吃。其做法是以大红袍赤豆煮熟磨细，将带馅汤圆煮熟，外滚豆沙而成，形美色艳，豆香宜人。

宁波猪油汤圆，是以精白水磨糯米粉为皮，用猪油、白糖、黑芝麻粉为馅，汤圆皮薄而滑，白如羊脂，油光发亮。

苏州五色汤圆，是苏州吴门米粉店所做，以糯、粳米粉镶配，包以由鲜肉、玫瑰猪油、豆沙、芝麻、桂花猪油5种配制的馅心。该汤圆甜咸皆备，为脍炙人口的江南风味。

山东芝麻枣泥汤圆，其做法是先将大红枣煮熟去核擦泥，猪板油去膜用刀拍碎，两者加白细砂糖搓成馅心，和水磨糯米粉做成小汤圆，芝麻炒熟和白细砂糖研成细末成炒面，将煮熟的小汤圆在炒面中滚一圈即可，吃时油润绵软。

广东四式汤圆，其做法是先将绿豆、红豆、糖冬瓜、芋头分别煮或蒸熟，去皮，分别加入白糖、芝麻、熟猪油等调味品制成4种甜馅料，将汤圆皮分别包入四种不同的馅心，做上记号。将4种汤圆放入加糖的水中煮熟。每碗装不同馅料的汤圆各一个。特点是软滑细腻，4种味道各异。

炸汤圆

此外，北京的奶油元宵、天津的蜜馅元宵、上海的酒酿汤圆和乔家栅鲜汤圆、重庆的山城小汤圆、泉州的八味汤圆、广西的龙眼汤圆、安庆的韦安港汤圆、台湾地区的菜肉汤圆等，也都是驰名南北的风味汤圆。

元宵节除了吃元宵外，在一些地区还有其他的应节食品。

面条为元宵灯节落灯这天晚餐的食品。古有"上灯元宵，落灯面，吃了以后望明年"的民谚。这一食俗多流行于长江以北地区。

《仪徽岁时记》记载："正月十八落灯，人家啖面，俗谓'上灯圆子落灯面'，各家自为宴志庆。"落灯时吃面条，寓意喜庆绵绵不断之意。

黏糕又名年糕。元宵节除元宵、面条外，还有吃黏糕的。唐代名医孙思邈的《备急千金要方·食治》记载："白粱米，味甘、微寒、无毒、除热、益气。"唐代之后，元代也有元宵节食糕的记载。

■ 猪油芝麻汤团

团团圆圆

元宵历史

孙思邈（581—682），唐朝京兆华原人，著名的医师、道士。他是我国乃至世界史上著名的医学家和药物学家，被誉为药王，许多华人奉之为医神。

阅读链接

在浙江的台州一带，每年正月十四，人们在看过花灯之后，就要食用糟羹。糟羹是一种用肉丝、冬笋丝、香菇、木耳、鲜蛏、豆干、油泡、川豆板、菠菜等炒熟，再加入少许米粉，煮成带咸味的糊状食品。

正月十五喝的糟羹是甜味的，用番薯粉或藕粉配上莲子、甜枣、桂圆等做成。

此外，在浙江浦江一带要吃馒头和麦饼。馒头是发面，麦饼呈圆形，取"发子发孙大团圆"的意思。

福建丰富多彩的闹元宵活动

在我国，元宵节是继春节之后最为热闹的传统节日，到处充满着喜庆与热烈的气氛。

元宵节是福建民间最重要的民俗节日之一，更是一年中各种民间文

■ 福建元宵傩舞

福建元宵傩舞

艺活动最集中、最丰富多彩的一个节日。在元宵节前后的几天，整个福建各地几乎成为一片狂欢的海洋。

闹花灯是汉民族最传统的元宵民俗活动，但闽西除了常见的在街头房舍悬挂，或者在固定场所展示的花灯外，还有自己独特的闹花灯方式。

连城芷溪的"出案花灯"，一个大花灯由近百个各式小花灯组成，造型十分复杂精致。一人擎着，农历正月初一便由数户人组合出游，到正月十一"正日"全部花灯汇合出游，争奇斗艳，锣鼓声、鞭炮声不绝于耳。庞大队伍从村头到村尾，长达数里，气势恢弘。

永定抚市正月十三至十七的"故事花灯"，也是热闹非凡。"故事"由青少年男女扮演，以轿子抬着，随队而行的是花篮灯、采茶灯、鲤鱼灯、狮象灯、蝙蝠灯、龙灯等，也是一路锣鼓、十番、响铳、鞭炮，直到深夜放焰火、烧架花后结束。

轿子 一种靠人或畜扛、载而行，供人乘坐的交通工具。我国的轿子曾流行于广大地区，并且历史悠久。因时代、地区、形制的不同而有不同的名称，如肩舆、檐子、兜子、眠轿、暖轿等。就其结构而言，轿子是安装在两根杠上可移动的床、坐椅或睡椅，有蓬或无蓬。轿子最早是由车演化而来。

客家 汉族在世界上分布范围广阔、影响深远的民系之一。从西晋的五胡乱华、永嘉之乱开始，中原汉族居民大举南迁，与当地土著居民杂处，互通婚姻，经过千年演化最终形成相对稳定的客家民系。此后，客家人又以梅州、惠州、汀州等地为基地，大量外迁到各地。

永定下洋的闹花灯结束后，还各自将灯迎放到祖宗坟墓前，尽现客家崇宗敬祖尽孝的精神。

连城坪上的水上花灯，则是把各式花灯抬到祖祠前池塘里的木排上，四周坐着十番乐队演奏，两个小伙撑着游池塘，灯光水影，乐声悠悠，引来岸上观者阵阵掌声，又具另一番风味。新罗区各地则有上百支各式采茶灯队伍的轻歌曼舞，引人注目。

迎古事是闽西民间闹元宵非常重要的节目。"古事"是以孩童化装成各种古代人物，固定在铁架上抬着巡游。

最著名的是连城罗坊"走古事"。它的特点是规模大，具有浓厚的竞技性，一棚古事需壮年男子多人轮流扛抬奔跑。

正月十五上午，在陆上抬着竞跑后，下午又到河水中逆水抬着竞跑。两岸人山人海，在锣鼓、鞭炮、响铳和呐喊声中，你追我赶，紧张热烈，撼人心魄，

■ 彩狮子花灯

■ 市井花灯

被喻为"客家山村狂欢节"。

在长汀、永定等县的一些乡镇，也多有这种"迎古事"活动，但只是抬着巡游，没有赛跑竞技。还有一种是"龙载古事"，即头尾是龙头、龙尾，中间节节龙身上坐着扮成各种古装人物的孩童，由数十人抬着巡游。连城城溪村还有骑在马上的"马上古事"。

在永定坎市、大溪、抚市、陈东等地，又出现了将古事铁架安在板车或汽车上的"车载古事"。

舞龙灯也称耍龙灯或龙舞，历史悠久。元宵节舞龙灯，给节日里的人们带来了无限的欢愉。

舞龙灯的起源可以追溯至上古时代。传说，早在黄帝时期，在一种叫《清角》的大型歌舞中，就出现过由人扮演的龙头鸟身的形象，其后又编排了6条蛟龙互相穿插的舞蹈场面。

见于文字记载的龙舞，是汉代张衡的《西京赋》，作者对龙舞作了生动的描绘。而据《隋书·音乐志》记载，隋炀帝时类似百戏中龙舞表演的《黄龙

黄帝 本姓公孙，系少典氏子。母为附宝，生帝于轩辕之丘，故名轩辕，即公孙轩辕。长于姬水，故又以姬为姓，所以又名姬轩辕。因为黄帝有土德之瑞，土色黄，故称黄帝。黄帝是黄河流域的一位著名的部落首领。其后的夏、商、周的统治者都是黄帝姬轩辕的后裔。

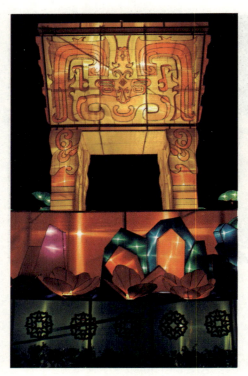

■ 铜鼎花灯

变》也非常精彩。龙舞流行于我国很多地方。

中华民族崇尚龙，把龙作为吉祥的象征。在古人的心目中，龙具有呼风唤雨、消灾除疫的神威，而我国自古以农业立国，风调雨顺对于生产、生活具有极为重要的意义。所以，古人极力希望得到龙的庇佑，由此形成了在祭祀时舞龙和在元宵节舞龙灯的习俗。

宋代吴自牧《梦粱录》记载：元宵节之夜，"以草缚成龙，用青幕遮草上，密置灯烛万盏，望之蜿蜒，如双龙飞走之状"。在长期的发展演变中，舞龙也形成了许多不同的样式，主要有龙灯、布龙等。龙灯也称火龙，这是流行最为广泛的一种龙舞。

这种龙由篾竹扎成龙首、龙身、龙尾，上面糊纸，再画上色彩。龙身有许多节，节数可多可少，但必须是单数。每节中点燃蜡烛，有的地方不点蜡烛，而是用桐油、棉纱或灯草做成的油捻。

这种油捻燃烧力持久，龙灯舞动时五光十色，始终不会熄灭。下面装有供舞者手持的木柄，龙前还有一人手举红色绸珠指挥龙舞。

如鲤鱼化龙，灵活奇巧，善于变幻，舞龙手身着可开可合的鲤鱼皮。观众起先看到的是一条条戏水之鱼，可随着明快的乐曲突然一变，鱼儿成龙，然后一

吴自牧 钱塘人，大约是1270年前后在世。宋亡以后，他曾经追记钱塘盛况，介绍南宋都城临安城市风貌，作《梦粱录》20卷。《四库全书总目提要》认为此书与孟元老所著《东京梦华录》同体。

条口中喷火的鲤鱼跃过龙身，象征"鲤鱼跳龙门"。

布龙也称彩龙，主要在白天表演，节中不燃蜡烛，所以表演时腾飞欢跃，好似江海波翻浪涌，气势非凡雄伟。舞龙时循势连贯表现巨龙盘旋欢腾，动作非常复杂。有的地方闹元宵，各路龙灯汇集竟达百余条，队伍长达一两千米。每条龙灯还伴有十番锣鼓，声闻数千米，甚为壮观。

福建闽西民间元宵期间，到处都有舞龙灯的庆祝活动。但闽西除平时所见的一般龙灯之外，还有自己浓郁的地方特色。

如著名的连城姑田游大龙，每节龙高达2米、长达4米多。正月十五晚上，鸣铳三响，各户抬出"驳桥"，把节节龙身连接成一条长龙。有的达170节，总长竟达700米，故有"天下第一龙"之称。它游走于田野和村落间，家家以香案、火堆、鞭炮迎接，一路锣鼓喧天、铳声撼地，十分奇雄壮观。直至正月十六上午，才在一庵庙前以固有的风俗仪式"烧龙"。

类似的元宵节游大龙，连城的林坊，永定的抚市、坎市、陈东等一些乡镇也有，但规模不如姑田。

另一种是上杭南阳、新罗苏邦、漳平双洋等地的"花灯

龙门 一般所说的"鲤鱼跳龙门"的"龙门"指的是黄河从壶口咆哮而下的晋陕大峡谷的最窄处，也就是"禹凿龙门"的"龙门"。龙门也比喻声望卓著的人的府第；古代科举试场的正门，后喻指科举中试为登龙门。

■ 热带植物彩灯

张灯结彩

元宵习俗与彩灯文化

龙"。即前后是龙头和龙尾，龙身却是由一块块长条木板上固定5至8盏各式花灯或插上花束构成。然后将木板首尾相连，扛着游行，在观赏龙灯气势的同时，还可观赏五花八门的各色精致彩灯。

连城北团、四堡的"拔龙"和漳平双洋的"火龙"更具特色。当龙灯游至人家门前时，户主燃放鞭炮并往龙身上丢去，迫使舞龙者闪躲，致使龙腰互相推挤拉扯，整个龙身便扭成弯弯曲曲的，恍如真龙，十分有趣。

再一种是上杭庐丰、中都的秆龙，又称香灯。即以稻草扎制龙头、龙尾和节节龙身，上面插满香火，夜晚随着锣鼓点舞动时，如同点点流星汇成的银河，煞是好看。

在福建的个别地方，还有不少独有的元宵节民俗活动。如连城新泉和长汀涂坊等地，以数万响长鞭炮盘圈在地板上，组成各种图案燃放的"烧炮"；连城隔田以舞青狮黄狮开始，然后表演各式拳术和刀枪棍戟术的天川胜会。

■ 新年花灯

此外，还有龙岩苏邦的法师在数十米高的刀梯上，表演各类高难动作后，往下撒谷子、筷子和硬币的元宵灯会。

永定坎市正月十五由长辈手执红布包裹，上书"早生贵子、白头偕老"的圆木棒，对着当年新婚后生的肩背辗打，这叫"打新婚"。

长汀童坊在正月十四，十余名青年抬着关公塑像，在烂泥田里旋转冲撞卷起泥浆，并互丢烂泥，称为甩泥巴。长汀四都鱼溪村以红绸扎紧的长竹，打压石头，称为打菩萨，还有走马灯、踩高跷、打狮等。

这些丰富多彩的元宵节庆民俗活动，是福建数百年来的一种文化积淀，在一定程度上体现了福建人的社会观、人生观和价值观。

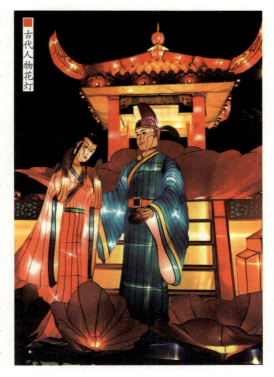
古代人物花灯

阅读链接

打船灯是福建闽西特有的节庆活动形式。上杭、武平、永定多为双人船灯，长汀、连城及新罗区多为单人船灯。

表演双人船灯时，一人藏身船舱扛起船灯，船头船尾一艄公、一艄婆，持桨边划边行边说唱，接着表演各种船灯小戏。

单人船灯船体较小无船篷，由演员一人挂在肩上，边划边唱边舞蹈。另一种是"船板灯"，如同众人抬着一艘龙舟，舟中坐着化装的孩童，仅是抬着巡游，看起来很有趣味。

民间各地红红火火闹元宵

　　在湖南的常德民间，家家户户都在正月十五张灯。入夜，不论贫富，家家张灯，街道、乡村、水边一片光明。

　　灯的制作工艺极为精巧，有走马灯、八宝灯、莲花灯、虾灯和鱼

水龙宫灯

■ 巨型龙门花灯

灯等。灯上绘有山水人物、花鸟鱼虫。有的设置灯谜，猜中有奖。

石门县的农村有放路灯的习俗，每户备明烛数十，每十步或五步燃烛一支。居于溪边的人放河灯，任灯顺流而下。又有放天灯的活动，就是用大幅薄纸糊成袋，袋口朝下并附上烛盏，燃烛充气上升。

湖乡有赛灯的习惯，沟港两岸居民认为胜者可五谷丰登。因此，必胜之心极强，如若赛灯将败，便烧茅屋一栋或几栋，以图取胜。

在常德，青年妇女平时不能随便抛头露面，若是观灯，则可名正言顺出游，有了谈情说爱的机会。

这时，花鼓戏、龙灯、狮舞和采莲船等纷纷出动，穿街入巷，锣鼓阵阵，欢声一片，喜气洋洋。

正月十五这天晚上，江苏无锡民间所挂的花灯名目很多，有龙灯、凤灯、鱼灯、兔子灯、走马灯以及

花鼓戏 我国地方戏曲剧种，通常特指湖南花鼓戏。湖北、江西、安徽、河南、陕西等省也有同名的地方剧种。新中国成立后，湖南花鼓戏艺术有较大发展，由湖南省花鼓戏剧院整理创作的《打铜锣》《补锅》《刘海砍樵》等，深受全国各地的人民群众所喜爱。

各种神话灯、历代人物灯等。有的用灯扎成灯树、灯楼、鳌山、牌坊等，还有的进行踩高跷、扭秧歌、打太平鼓、玩花船、耍龙舞、耍狮子舞等活动。

花灯上还写有灯谜，吸引人们观灯和猜谜。在城里，最热闹的是崇安寺，明清时期，这里的灯市极盛，整条街上悬灯结彩。

元宵节前后的几天晚上，锡山的龙光塔的每只角和每一窗口都要挂上彩灯，犹如火树。元宵节晚上，还有人携带酒、菜登锡山、惠山，一面观赏市内夜景，一面饮酒赏月。

南昌人将过元宵节叫闹元宵，闹了十五还要闹十六。闹元宵这天，无论是城市居民还是农村住户，都必须吃元宵，象征全家团圆、幸福。吃了元宵之后，便开始闹灯了。

南昌邻县农村元宵节的龙灯，各式各样，有龙灯、板凳灯、关公灯、采莲灯等。板凳灯最长由1000多条板凳组成，用1000多人连接起

福禄寿三星花灯

来。起舞时整齐统一，十分壮观。

浙江象山石浦元宵节有两个民间风俗，一是吃"糊粒"，二是舞鱼灯。

象山石浦元宵节晚餐，家家吃的不是元宵而是"糊粒"。与其他地方不同的是，石浦人把正月十四定为元宵节，而非正月十五。这一天，人们把家里每间房屋都点上灯，做到"十四夜，间间亮"。

所谓糊粒，也叫糊粒姜，是以海鲜牡蛎、虾仁和鱼肉等为主料，加上猪耳朵、芋艿、萝卜、鸡蛋、香肠和年糕等，混合在一起做成的杂烩羹。

巨型葫芦花灯

石浦地处东海之滨，是我国著名的渔港，东门岛、延昌、番头一带的渔民世代耕海牧鱼，故舞鱼灯的民间舞蹈是石浦最具地方特色的习俗。

对当地来说，风调雨顺，鱼蟹满舱，即是好年景，即是喜庆年岁。"鱼"与"年年有余""富足有余"的"余"字是谐音，因而，鱼便在人民心目中成了吉祥、幸福、美满的象征。

石浦是具有浓郁海洋文化的乡镇，"舞鱼灯"就是其中的一个重要的民间表演艺术。舞鱼灯托物寓意，也寄托着广大渔民对美好生活的向往和愿望。

山西一些地区的元宵节也有很多独具特色的习俗，如闹社火、放烟火、点灯等，很是热闹。

张灯结彩

元宵习俗与彩灯文化

■ 荷塘锦鲤花灯

闹社火据说是因为古人为了驱赶野兽而形成的习俗。

山西乡村的秧歌、社火队伍，要集中在县城或重要集镇进行汇演，带有竞赛性质。形式多为舞龙灯、耍狮子、踩高跷、抬阁、跑旱船、跑驴等。晚上则要沿街进行表演，讲究见旺火就舞。

各家一见秧歌队前来，就要大放鞭炮迎接。各使绝技、鼓乐喧天。围观者喝彩不断。

元宵节时唱完戏后还要点烟火。烟火分礼花与土烟火两种，土烟火形形色色。

晋中地区的"架火"，很有代表性。用30张大方桌，一张接一张，叠垒起来，高约16米，用8条大绳斜刺牵拴，层层方桌装饰成亭台楼阁。内布各种景观，多为戏文片断，大都采用泥塑和剪纸等形式，造型逼真，颜色鲜艳。每层外有36颗特制的大爆竹，共计400余颗。8条大绳，全部用花炮装饰。

整个造型，犹如一座五彩缤纷的十三级宝塔，称为主火。主火周围，另设许许多多配火，如孙悟空三打白骨精等，与主火用火药捻连通。整个架火点燃后，主火辉煌灿烂，情趣无限。四周配火飞炮轰鸣，流星划空。

在晋中地区的太谷县，元宵节张灯尤具特色。

抬阁 旧时民间迎神赛会中的一种游艺项目。在木制的四方形小阁里，有两三个人扮饰戏曲故事中的人物，由别人抬着游行。抬阁已被列入国家级非物质文化遗产名录。

太谷县城内东南西3条大街，家家挂灯，成双成对。10米左右，搭建一座彩楼。街心设特大神棚，五彩缤纷。制作彩灯用料有玻璃、纱、绸缎等，灯架皆为紫檀等硬木做成。因而有俗语说：太谷灯，爱煞人！

山西人过灯节，喜欢转九曲黄河阵，也称九曲黄河灯。阵内埋有365根杆子，布成9个弯曲的小阵。杆与杆之间用绳子穿起，每根杆顶张灯一盏。游阵者必须不走重路，一根杆子也不剩，转完全阵，方为本事。如果误入阵中，则为失败，必须从头再游。

从外面观看，你中有我，我中有你，各领风骚，浑然一体。龙灯进阵，排在最后，转至老杆，焰火点燃。上下鞭炮齐鸣，银蛇狂舞，全场灯光闪烁，神龙翻滚，群情激昂，欢声雷动，活动达到高潮。

在晋南地区，农村过灯节，习惯放河灯。将各色彩灯置放河中，顺水漂流，很是壮观。

人们手提灯笼走路，碰到行人，讲究抬起灯笼互相照一照，取意吉星高照。正月十五，妇女们习惯用面类制成灯盏，蒸熟后置放土地神、门神等处加油点燃。

盼望得子的新媳妇，讲究正月十五偷灯。传说偷回

团团圆圆

元宵历史

■ 玉兔花灯

金牛花灯

燃着的灯，必定会生孩子。偷灯时，主人明知而不拦，待到偷灯到手起步返程时，主人却要喊几声："谁偷灯啦？"

偷灯者则要跑几步。跑动而面灯不灭，方为成功。也有的地方讲究小孩儿偷吃面灯，一年不得病。所以各家置灯也要供小孩儿来偷取。

山西人元宵节张灯，富有很强的文化内涵。

而山东济南的正月十五放河灯习俗，也颇有趣味。明清两代的济南，灯节期间家家户户、大街小巷都要张挂花灯。因为济南泉众水多，同时放河灯的习俗也蔚然成风。

王象春在《齐音》中曾写了一首《元宵》的七言诗：

喜看稚子放河灯，狮石围栏士女凭。
阔髻高裙京样尽，此宵又着白松绫。

诗的开头第一句便是"喜看稚子放河灯"，可见，"正月十五放河灯"早在1616年，王象春到济南定居之前就已约定俗成了。"正月十五放河灯"之俗，直到清代还持续不衰。

元宵灯节盛况不仅在"灯"，还在于民间艺术的表演，即社火。

在河北石家庄地区，"社火"的形式不胜枚举，井陉的拉花、抬皇杠；获鹿的抬花轿、牛斗虎、十八背；栾城的抬花杠、拉耩子；赵县的背灯挎鼓、拉碌碡；藁城、正定的"常山战鼓"都是远近有名，甚至驰名中外，有的被列入第一批国家级或省级文化遗产名录。

"打树花"是河北蔚县暖泉镇表演的春节民俗社火传统节目之一，因泼打在堡墙上的铁水迸溅开来，状如火树银花而得名。

相传，早在五六百年前，北关堡村就开始"打树花"，以祈求风调雨顺、国泰民安、五谷丰登，也有吉祥和喜庆之意。一般在正月十四、十五和十六的晚上表演，一直延续至今。

在"打树花"前，将所用的柳木勺在冷水中充分浸泡。傍晚，架起炼铁炉开始冶炼生铁，待生铁完全熔化后，由五六个技艺娴熟的艺人头戴浸湿的草帽，反穿羊皮袄，手持用水浸透的柳木勺，盛起熔化的铁水，轮番扬起泼溅在堡墙上，迸溅开来的铁水如颗颗璀璨的珍珠串成的帘子，犹如枝繁叶茂的树冠，又如火一样的瀑布，万花奔放。

金蛇花灯

在河北省的其他市区，都有着自己特色独具的民间社火和民间文艺形式，如保定的龙灯、狮子舞，承德的"二鬼摔跤"，邯郸的"捉黄鬼""炮火城"，衡水的"散灯盏"等，真是数不胜数。

山东威海人十分重视元宵节。元宵这天，渔村家家户户红灯高挂，鞭炮齐鸣，男女老少走出家门，演活报剧，唱大戏，其隆重程度一点也不亚于春节。

与南方的灯会不同，威海不举行灯会，但在这一天要捏面灯，据说这是胶东最有特色的地方民俗之一。过去的灯均用豆面捏成，又称为豆面灯。豆面灯有月灯、散灯和生肖灯3种。

面灯多流行于我国北方地区。面灯的形式多种多样，有的做灯盏12个，闰年做13个，盏内放食油点燃，或将面灯放锅中蒸，视灯盏灭后，盏内余油的多寡或蒸熟后盏中留水的多少，以卜来年12个月份的水、旱情况。元宵节捏面灯，仍然是我国北方经久不衰的习俗，反映了人们对未来生活的美好希望。

阅读链接

关于象山石浦人元宵节吃糊粒的习俗还有一段历史典故。据说，明朝嘉靖年间，倭寇屡犯我国海疆，戚继光奉命抗倭。

有一年的正月上旬，倭寇大举入侵。戚继光的军队和老百姓众志成城，英勇抗击，倭寇死伤无数。我军民于是杀鱼宰猪，欢庆抗倭大捷。

岂料，正当各种菜肴准备下锅烧煮时，另一支倭寇前来进犯。军情危急，已无时间烧煮菜肴，伙夫就匆忙把切好的各种小菜，全倒入锅内，后又加上米粥和薯粉，做成糊粒。即刻，将士们有滋有味地吃起来。结果将士们士气大振，大获全胜。

从此以后，每逢正月十四，家家户户都要吃糊粒以示纪念。后来，吃糊粒便流传成为一种民间节俗，象征团结、胜利、欢庆和美满。

农历正月十五元宵节，又称为上元节、春灯节，是我国汉族传统节日。

我国历史悠久，幅员辽阔，所以关于元宵节的习俗在全国各地也不尽相同，其中吃元宵、赏花灯和猜灯谜是元宵节几项重要民间习俗。

元宵节期间的民俗活动，是随历史的发展而不断变化扩展的，并因其丰富的节日文化内涵而得到延续和传承，因此具有恒久的生命力。

喜庆开怀

节日习俗

南北异俗的舞狮子和踩高跷

　　舞狮子又称狮舞，是我国优秀的民间艺术，每逢元宵佳节或集会庆典，民间都以舞狮前来助兴。这一习俗起源于三国时期，南北朝时开始流行，至今已有1000多年的历史。

元宵节舞狮表演

相传，舞狮的活动最早是从西域传入的。狮子是文殊菩萨的坐骑，随着佛教的传入，舞狮子的活动也进入我国。

狮子是汉武帝派张骞出使西域后和孔雀等一同带回的贡品。而狮舞的技艺却是引自西凉的假面戏，也有人认为舞狮是5世纪时产生于军队，后来传入民间的。两种说法都各有依据，今天已很难判断其是非。

不过，唐代时，舞狮已成为盛行于宫廷、军旅、民间的一项活动。唐段安节《乐府杂录》中说：

■ 舞狮特技表演

> 戏有五方狮子，高丈余，各衣五色，每一狮子，有十二人，戴红抹额，衣画衣，执红拂子，谓之狮子郎，舞太平乐曲。

诗人白居易《西凉伎》诗中对此有生动的描绘：

> 西凉伎，西凉伎，假面胡人假狮子。
> 刻木为头丝作尾，金镀眼睛银贴齿。
> 奋迅毛衣摆双耳，如从流沙来万里。

诗中描述的是当时舞狮的情景。

在1000多年的发展过程中，舞狮形成了南北两种

张骞（约前164—前114），字子文，我国汉代卓越的探险家、旅行家与外交家，张骞对丝绸之路的开拓有重大的贡献。开拓汉朝通往西域的南北道路，并从西域诸国引进了汗血马、葡萄、苜蓿、石榴、胡麻等。

■ 元宵节舞狮子

绣球 一般由彩绣做成，是我国民间常见的吉祥物。在古代，有些地方有一个风俗，当姑娘到了婚嫁之时，就预定于正月十五或八月十五，让求婚者集中在绣楼之下，谁得到姑娘抛出的绣球，谁就可以成为这个姑娘的丈夫。很多地方，抬新娘的花轿顶上要结一个绣球，以图瑞祥吉庆。

表演风格。北派舞狮以表演武狮为主，即魏武帝钦定的北魏瑞狮。小狮一人舞，大狮由双人舞，一人站立舞狮头，一人弯腰舞狮身和狮尾。

舞狮人全身披包狮被，下穿和狮身相同毛色的绿狮裤和金爪蹄靴，人们无法辨认舞狮人的形体，它的外形和真狮极为相似。

引狮人以古代武士装扮，手握旋转绣球，配以京锣、鼓钹逗引瑞狮。狮子在狮子郎的引导下，表演腾翻、扑跌、跳跃、登高、朝拜等技巧，并有走梅花桩、窜桌子、踩滚球等高难度动作。

南派舞狮以表演文狮为主，表演时讲究表情，有搔痒、抖毛、舔毛等动作，惟妙惟肖，逗人喜爱，也有难度较大的吐球等技巧。南狮以广东为中心，并风行于港澳、东南亚侨乡。

南狮虽也是双人舞，但舞狮人下穿灯笼裤，上面仅仅披着一块彩色的狮被而舞。和北狮不同的是，狮子郎头戴大头佛面具，身穿长袍，腰束彩带，手握葵扇而逗引狮子，以此舞出各种优美的招式，动作滑稽风趣。

南狮流派众多，有清远、英德的鸡公狮，广州、佛山的大头狮，高鹤、中山的鸭嘴狮，东莞的麒麟狮等。南狮除外形不同外，性格也不同。

白须狮舞法幅度不宽，花色品种不多，但沉着刚健，威严有力，民间称为刘备狮；黑须红面狮，人称关公狮，舞姿勇猛而雄伟，气概非凡；灰白胡须狮，动作粗犷好战，俗称张飞狮。

狮子为百兽之尊，形象雄伟俊武，给人以威严、勇猛之感。古人将它当作勇敢和力量的象征，认为它能驱邪镇妖、保佑人畜平安。人们在元宵节及其他重大活动里舞狮子，就是希望生活吉祥如意，事事平安。

踩高跷也是一项重要的习俗，作为汉族传统民间活动之一，踩高跷技艺性强，形式活泼多样，由于演员踩跷比一般人高，便于远近观赏，而且活动方便无异于活动舞台，因此深受群众的喜爱。

踩高跷泥塑

吕洞宾 传说中的八仙之一，原名吕喦，字洞宾，道号纯阳子，于796年生于永乐县招贤里。是著名的道教仙人，道教全真派北五祖之一，全真道祖师，三教合流思想的代表人物。

高跷本属于我国古代百戏之一种，早在春秋时期已经出现。我国最早介绍高跷的《列子·说符》篇中写道：

宋有兰子者，以技干宋元。宋元召而使见其技。以双枝长倍其身，属其胫，并趋并驰，弄七剑迭而跃之，五剑常在空中，元君大惊，立赐金帛。

从文中人们可以得知，早在公元前500多年，高跷就已流行。表演者不但以长木缚于足行走，还能跳跃和舞剑，高跷分高跷、中跷和跑跷3种，最高者达3米多。

据古籍中记载，古代的高跷皆属木制，在刨好的木棒中部做一支撑点，以便放脚，然后再用绳索缚于腿部。表演者脚踩高跷，可以做舞剑、劈叉、跳凳、过桌子、扭秧歌等动作。

■ 踩高跷艺术模型

在北方的高跷秧歌中，扮演的人物有渔翁、媒婆、傻公子、小二哥、道姑、和尚等。表演者扮相滑稽，能唤起观众的笑声和喝彩。

南方的高跷，扮演的多是戏曲中的角色，关公、张飞、吕洞宾、何仙姑、张生、红娘、济公、神仙、小丑皆有。他们边演边唱，生动活泼，逗笑取乐，如履平地。

踩高跷表演

据说踩高跷原来是古代人为了采食树上的野果，给自己的腿上绑两根长棍以增加高度而发展起来的一种跷技活动。

阅读链接

关于踩高跷的来历，民间还有一种传说。说是春秋战国时期的晏婴，有一次出使邻国，邻国国君笑他身材矮小。于是晏婴就装了一双木腿，顿时高大起来，弄得那国君臣啼笑皆非。

而后，晏婴又借题发挥，把外国君臣挖苦了一番，使得他们很是狼狈。从此，踩高跷活动流传至民间。

此外，民间还有一种传说，把踩高跷与同贪官污吏作斗争联系在一起。从前，有座县城叫两金城，城里和城外的人民非常友好，每年春节都联合办社火，互祝生意兴隆，五谷丰登。

不料，后来来了一个贪官，把这看作是一个发财的机会，于是规定凡是进出城办社火，每人都要交3钱银。人们不交，他就关城门，挂吊桥。但仍难不住聪明的人们，他们就踩着高跷，翻越城墙，过护城河，继续欢度春节，乐此不疲。

承继殷周祭天遗风的舞龙

灯节虽始于汉初，盛于唐宋，但舞龙的习俗是承继殷周祭天的遗风。它在历史文籍的记载中出现的时间极早，而且包含祈祷风调雨顺、国泰民安，原有"祈年"的意思。

节日舞龙表演

古人民智不开，大概由于龙在神话中是海洋的主宰，威力无穷，而海洋主水，龙也就很自然地做了农作物的司雨神。民以食为天，谷物是维持生命的根本，间接也就操纵了人类的生命。

按这意义扮演，龙的重要性竟超越了祖宗，即帝舜、契和后稷。如此，龙被古人奉为"吉物"出现在庆典祭祀中，

■ 节日巨龙表演

自然也不足为奇了。

《礼记·王制》称："宗庙之祭，春曰礿，夏曰禘，秋曰尝，冬曰烝。"可知，春节的"开灯"，就是代表"春祭"。所以，舞龙最初应是一种祭祀，而非娱乐，成为助庆娱乐应是汉唐以后的事。

有一则传说，也可以说明舞龙纯是为了纪念，含有祭祀成分。相传很久以前，茗溪岸边有个荷花村，村前有一个荷花池，池塘里长满了荷花。每到夏季，碧绿的荷叶铺满水面，无数朵出水荷花，袅袅婷婷，鲜艳无比。

荷花池边住着一对勤劳善良的青年夫妇，男的叫百叶，女的叫荷花，夫妻俩男耕女织，相敬相爱。

这一年，荷花怀了孕，过了10个月，孩子却没有生下来。又过了一年，还是没有生下来，直到第999天，才生下了一个男孩。

百叶见孩子生得端正健壮，心里好生喜欢。再仔

祭祀 华夏礼典的一部分，更是儒教礼仪中最重要的部分。礼有五经，莫重于祭，是以事神致福。祭祀对象分为天神、地祇和人鬼3类。天神称祀，地祇称祭，宗庙称享。古代祭祀有严格的界限，天神地祇只能由天子祭祀。诸侯大夫可以祭祀山川。士庶人只能祭祀自己的祖先和灶神。

族长 也称宗长，是我国封建社会中家族的首领。通常由家族内辈分最高、年龄最大且有权势的人担任。族长总管全族事务，是族人共同行为规范、宗规族约的主持人和监督人。族内发生纠纷由族长全权处理，对违犯族规的人，族长有权根据宗规族约给予制裁。

细一瞧，更是错愕不已：这孩子的胸口脊背上竟长着细细的龙鳞，金光闪闪，耀人眼目。数一数，有999片呢。

旁边的接生婆一见，大吃一惊，嚷道："哎呀，了不得，你们家里生了个龙种！"

消息传遍村子，人人都来道贺。消息惊动了村里的老族长。老族长的儿子在朝廷做官，他的身边留着一个横行霸道的丑孙子。这祖孙俩一听到百叶家里生下龙种，立刻手持钢刀要来砍杀。

乡亲得到消息，马上给百叶报信，大家细细商量，想出了个办法：将孩子放在脚盆里，悄悄把他藏到门前的荷花池中。

老族长和他的孙子带人冲进门来，孩子已经不见了。老族长见找不到龙种，抓住百叶逼他交出来。孙子见荷花长得美丽，心生一计，举起钢刀杀死了百

■ 节日舞龙表演

节日舞龙灯

叶，把荷花抢到家里。

老族长心想：龙种没有了爹娘，即使活着，也必定饿死。再说荷花会生龙种，将来龙种会生在自己家里，这天下就是我家的了。

荷花被抢到老族长家里，她想念丈夫和孩子，十分悲痛。老族长逼着她去淘米，荷花拿着淘箩走到池边，轻轻漾动池水，忽然一阵凉风吹来，荷塘深处，花叶纷纷倒向两边，让出一条水路来，只见自己的儿子就坐在脚盆里，向她漂来。

荷花又惊又喜，连忙将儿子抱到怀里，喂饱了奶水，仍然放回脚盆里。一阵凉风，脚盆又漂回到荷花丛中。荷花知道儿子没有饿死，心里十分高兴。

自此，她一日3次到池中淘米，就给儿子喂上3次奶水。这样喂了999天，儿子渐渐长大，满身龙鳞闪耀金光。

到了夜里，荷花池中光芒四射。村子里的老百姓知道龙种没有被灭掉，暗暗高兴。老族长得知龙种竟在荷花池中，又生毒计。

一天傍晚，荷花到池边淘米，族长祖孙两个躲在杨树丛里察看动

张灯结彩
元宵习俗与彩灯文化

春节 是我国民间最富有特色的传统节日，也是最热闹的一个古老节日。一般指正月初一，是一年的第一天，又叫阴历年，俗称"过年"。春节期间，汉族和很多少数民族都要举行各种活动以示庆祝。这些活动均以祭祀神佛、祖先、除旧布新、迎禧接福、祈求丰年为主要内容。

静，只见碧波荡漾，花叶浮动，一阵凉风吹来，荷塘深处徐徐漂来一只脚盆，盆中坐着个满身金色的孩子，欢乐地举着双手向淘米的荷花扑过去。

荷花满心欢喜，正要伸手去抱，杨树丛中闪出个人，举起明晃晃的钢刀直向孩子砍去。刹那间，只见孩子从脚盆里倏地跳起来，化成一条金色小龙，向池中跃去。可是迟了，那一刀砍到了小龙的尾巴。

荷花丛中停着的一只美丽的大蝴蝶，忽然飞过去，用身子衔接在小龙的尾部，一对美丽的翅膀变成了小龙的尾巴。

小龙长啸一声，霎时间，狂风大作，乌云翻滚，满池荷花的花瓣也纷纷扬扬飞旋起来。霹雳闪电之中，小龙的身体渐渐变大，化成了数十米长的巨龙，在荷花池上空翻腾飞跃。

这时，一阵龙卷风刮了过来，小龙腾空而起，乘风直上，飞入云端。这阵龙卷风好不厉害，那个砍龙

■ 焰火舞龙表演

尾巴的人被卷到半空，抛得无影无踪。老族长见孙子被风卷走，"扑通"一声，吓得跌进荷花池淹死了。

荷花看见儿子化成一条蛟龙飞上天空，大声呼喊，但蛟龙已经飞得无影无踪。自此以后，苕溪两岸每逢干旱，小龙就来行云播雨。

当地百姓为感谢它，就从这个池中采摘了七七四十九朵荷花，用了999叶花瓣，制作成一条花龙。因为不到1000叶，所以取名百叶龙。

每年春节，老百姓就要敲锣打鼓来舞龙。这个传说表现了人们除恶敬善的美好愿望。

阅读链接

在我国古代神话与传说中，龙是一种神异的动物，具有9种动物合而为一又九不像的形象，是一种兼备各种动物之所长的异类。

传说，龙多能显能隐，能细能巨，能短能长。春分登天，秋分潜渊，呼风唤雨，而这些已经是晚期发展而来的龙的形象，相比最初的龙而言更加复杂。

我国封建时代，龙是帝王的象征，也用来指至高的权力和帝王的东西，如龙种、龙颜、龙廷、龙袍、龙官等。龙在我国传统的十二生肖中排第五，其与白虎、朱雀、玄武一起并称"四神兽"。

纪念大禹治水的划旱船活动

划旱船，民间传说是为了纪念治水有功的大禹。划旱船也称跑旱船，就是在陆地上模仿船行动作，表演跑旱船的大多是姑娘。

旱船不是真船，多用两片薄板，锯成船形，以竹木扎成，再蒙以

元宵节划旱船表演

■ 划旱船舞蹈团

彩布，套系在姑娘的腰间，如同坐于船中一样，手里拿着桨，做划行的姿势，一面跑，一面唱些地方小调，边歌边舞，这就是划旱船了。

有时还另有一男子扮成坐船的船客，作为搭档表演。他则多半扮成丑角，以各种滑稽的动作来逗观众欢乐。划旱船流行于我国很多地区。

元宵节也是一个浪漫的节日，元宵灯会在封建的传统社会中，也给未婚男女相识提供了一个机会。

传统社会的年轻女孩不允许出外自由活动，但是过节却可以结伴出来游玩。元宵节赏花灯正好是一个交谊的机会，未婚男女借着赏花灯，也顺便可以为自己物色对象。元宵灯节期间，又是男女青年与情人相会的时机。

另外，民间有关元宵节的习俗、谚语相当多，其中偷俗是较为有趣的。传说未婚男女在元宵夜"偷挽

禹　姒姓夏后氏，名文命，字高密，号禹，后世尊称大禹，夏后氏首领。相传禹治黄河水患有功，受舜禅让继帝位。禹是夏朝的第一位天子，因此后人也称他为夏禹。他是我国传说时代与尧、舜齐名的贤圣帝王，他最卓著的功绩，就是治理洪水，划定九州。

■ 舞台表演跑旱船

葱嫁好尪、偷挽菜嫁好婿、跳菜股娶好某、偷老古得好某"。

新婚妇女或是结婚妇人如果想要生男得子，则可在元宵夜"偷竹篱得男儿"，或是在元宵节当天前往寺庙"棱灯脚，阮尪年底做阿爸"。

元宵节炸寒单的习俗，在我国台湾岛东南部的台东县已经延续很久了。相传，寒单是武财神，因为他怕冷，所以在出巡的时候就喜欢民众燃放炮仗烟花为他暖身。

而店家则相信炮仗烟花炸得越多，人气财气都会越旺，因此舍得花大钱买炮炸寒单爷。这一习俗则寄托了人们希望过上富足生活的愿望。

相传清光绪初年，我国台湾台南县的盐水镇因瘟疫肆虐20余年，人烟稀少，田园荒芜。余存的居民于关帝君祭日，央请关老爷出巡获得应允。

蜂炮 是爆竹的一种，由上万支冲天炮连接制作而成，形式多样，它燃放时似黄蜂出巢，煞是热烈迅猛。蜂炮节是我国台湾盐水一带汉族人民的节日，每年正月十五举行。也叫"放蜂仔"。

居民乃于元宵时节，以各种形式虔诚地恭请关公及众神出巡绕境，沿途并大放烟花爆竹，助其声威并驱逐邪疫、瘟疫。

从此以后，当地人每年都要恭请关老爷出巡，并竞放鞭炮，相沿至今，发展成深具特色的盐水蜂炮盛会。

盐水蜂炮活动于入夜后展开，由一顶顶全副武装的神轿与轿夫，从武庙出发揭开序幕，一直至次日清晨五六点，整个盐水市街所见所闻皆是蜂炮。

这些蜂炮中以酬神的炮城最为壮观，炮城的规模不一，基本都由数万枚冲天炮制成。每当神轿来到炮城前，主人拉开红布点燃蜂炮。顷刻间，万炮齐放，五彩火花绚丽夺目，是蜂炮夜中最刺激、迷人的时刻。

元宵节除了庆祝活动外，还有信仰性的活动。那就是"走百病"，又称烤百病、散百病。

走百病是明清以来北方的风俗，有的在正月十五，但多在正月十六进行。这天，妇女们穿着节日盛装，成群结队走出家门，走桥渡危，登城，摸钉求子，直到夜半始归。

划旱船人物蜡像

■ 民间泥塑跑旱船

明清时，北京等地正月十五，妇女夜间约齐外出行走，一人持香前导，见桥必过，认为这样能祛病延年，又称走桥，江南苏州一带称为"走三桥"。

江南水乡乌镇在正月十五有走桥健身、祈福的习俗。元宵节晚上，人们成群结队，扶老携幼，提着花灯，在河边桥上游走，远远望去，煞是壮观。走桥必须走过至少10座桥，忌走回头桥，所以开始走时心中必须得有个计划。

明代周用在其《走百病行》的诗中写道：

周用（1476—1547），字行之，号伯川，谥恭肃，明代进士。历官南京工部、刑部尚书。后以工部尚书总督河道，官至吏部尚书。为人节义，书法俊逸。善绘事，喜为诗。有《周恭肃公集》。

都城灯市春头盛，大家小家同节令。

姨姨老老领小姑，撺掇梳妆走百病。

俗言此夜鬼穴空，百病尽归尘土中。

不然今年且多病，臂枯眼暗偏头风。

踏穿街头双绣履，胜饮医方二钟水。

谁家老妇不出门，折足蹒跚曲房里。

今年走健如去年，更乞明年天有缘。

蕲州艾叶一寸火，只向他人肉上燃。

关于走百病的习俗，其他典籍也有记载。

在现在的天津，还保留着走百病的习俗。因为是在农历正月十六进行，当地称作"溜百病"。

永平府元宵节，有病的妇女群聚窑下，称"陶灸"。儿女交错度桥，称"度百厄"。

走百病这一习俗，显示出了人们祈求平安健康的最基本的生存愿望。

逐鼠这项活动主要是对养蚕人家来说的。老鼠常在夜里把蚕大片大片地吃掉，人们听说正月十五用米粥喂老鼠，它就可以不吃蚕了。

于是，这些人家在正月十五，熬上一大锅黏糊糊的粥，有的还在上面盖上一层肉，将粥用碗盛好，放

■ 划旱船塑像

到老鼠出没的顶棚或墙角。边放嘴里还边念念有词，诅咒老鼠再吃蚕宝宝就不得好死。

《荆楚岁时记》中说，正月十五的时候，有一个神仙下凡到一个姓陈的人家，对他们说："如果你们能祭祀我，今年就让你们的蚕桑丰收。"后来就形成了风俗。

阅读链接

逐鼠这项活动另一种说法是，吴县有一个叫张成的人，起夜时，看到一个美丽的女子立在家中的东南角，举手召唤他。

张成走上前去，女子对他说："我是你们家这个地方的神，明年正月十五的时候，你做好粥，上面盖上肉来祭祀我，你们家的蚕桑就能丰收。"

说完，这女子就不见了。张成从此以后每年都这样做，果然年年丰收。

因此，在丝绸业逐渐兴盛的魏晋时期，这种风俗就流传开来。传说虽不可信，但是人们渴望丰收的愿望却是实实在在的，不容置疑。

潮汕地区独特的元宵节习俗

元宵节是我国三大传统节日之一，全国各地都举行各种活动来庆贺。因一地的风俗是由其自然环境和社会环境决定的，所以潮汕地区的元宵节也有一些有别于其他地方的有趣习俗。

先说吊喜灯的习俗。灯火在祀神礼节中是作为光明喜乐的象征。从正月十一至正月十八，特别是元宵节这一天，潮汕家家户户有点灯、吊灯的习俗。因潮语灯和丁同音，点灯和添丁是近音，故潮汕人认为点灯即为添丁的佳兆。

元宵节这一天，人们纷纷提着

金老鼠花灯

■ 螃蟹花灯

灯笼，备齐纸银香烛，到乡中神庙点火，回来分别吊在家里的神龛和床头，这叫作吊喜灯。

此外，如果去年元宵以后生了男孩子，农历正月十三起家人就必须挑起一对红灯笼，并在灯屏下贴着红纸写上姓名，欢天喜地挂到乡中宗族祠堂的灯架上，以此象征着家中添了丁。

每晚家人要抱着孩子到祠堂中，一面往自己的灯笼里点燃蜡烛，使灯笼通红，一面接受周围乡人的祝贺。元宵夜更是庄严、热闹。

潮汕人还有元宵节做丁桌的习俗。在潮汕乡村，上一年生过男孩的人家，元宵夜还要在祠堂设宴请客，以庆出丁，俗称做丁桌。

宴客时有两种席式，一种叫龙船席，即用好多只方桌连接起来，客人围在两旁吃饭，形同划龙船；另一种叫走马席，即无论亲朋疏厚，认识不认识的人都

祠堂 族人祭祀祖先或先贤的场所。祠堂有多种用途。除了"崇宗祀祖"之外，各房子孙平时有办理婚、丧、寿、喜等事时，便利用这些宽广的祠堂以作为活动之用。另外，族亲们有时为了商议族内的重要事务，也会利用祠堂作为聚会的场所。

可以进来吃饭，吃完后主人再重新摆上各种菜肴，招待另一批客人的来临，接连不断。这后一种席式一般是较有钱且较慷慨的人家才会这么做。

新中国成立后，由于时代在前进，思想在进步，潮汕人虽仍有元宵办丁桌的习俗，但多改为在自家里进行，且限于宴请较亲的亲戚和较好的朋友，丰俭由人，无人计较。

求喜物也是潮汕人元宵节的一大习俗。元宵节这一天，乡村中多有设坛拜神活动。各神庙宗祠灯火齐明，烟雾弥漫，善男信女争先参拜，拥挤异常，热闹非凡。

神坛前摆设的鸡、鹅、鸭、糖果、粿品、花烛、大吉（潮州柑）等祀品被视为神物。

参拜的男女纷纷卜取祭品，取回家中，这就叫作求喜物。人们认为用了这些神物后，就可以让家门平安、添财添丁。

卜取神物回家的人家，明年要照还或多还所拿的神物。于是有些人便乘拥挤的机会，偷偷拿走坛前的祭品回家吃，意谓吃兴盛。

掷喜童也是潮汕人的一大习俗。元宵节这一天，乡村大都有人在祠堂大埕、街头巷尾的开阔处，搭起一个彩棚，里面用泥土塑成一尊

节日汤圆小吃

■ 青蛙花灯

巨型的弥勒佛，袒胸露乳，笑容可掬。弥勒佛光秃秃的头、肩、肚脐、大腿等部位都摆设有男女泥喜童。

人们站在一丈多远的竹栏杆外，用铜钱瞄准弥勒佛身上的泥喜童。中者喜童即归其所有，而在一些较难命中的部位，如头顶、耳朵等，命中者则一赠二三不等；不中者铜钱即归摆弥勒佛的棚主所有。这是一项老少都喜爱的活动。

民间有一种说法，就是命中男喜童者，今后就生男孩。因此，那些结婚不久的年轻夫妻，或者刚娶儿媳妇又急于抱孙子的爷爷、奶奶们也都积极参与此项活动。

一经命中，棚主和周围的人就会向他喝彩、道贺。自己更是喜滋滋地把男喜童抱回家中，认为中了头彩，有好兆头，今年定能早生贵子发财。

元宵节，潮汕大都有度桥的习俗，这在旧方志中也有所记载，清顺治《潮州府志》和乾隆《揭阳县志》记载：上元妇女度桥投块，谓之"度厄"。

在揭阳，元宵这一天，男女老幼争先度过桥，后

顺治（1638—1661），清世祖爱新觉罗·福临，清朝第三位皇帝，同时也是清朝入关后的第一位皇帝，满族，是清太宗爱新觉罗·皇太极的第九子。在位18年，死后谥号为体天隆运定统建极英睿钦文显武大德弘功至仁纯孝章皇帝，陵寝清孝陵，庙号清世祖。

生祈望日后娶贤妻；姑娘祈嫁个好夫婿，产男孩；老者则祈求健康长寿；小孩子则祈求长大成人。

此外，元宵节这一天，潮汕有些地方还要采榕树枝、竹叶回家插在门楣、灶台、禽舍，以祈人口平安、六畜兴旺。

有些地方的新婚夫妻要在乡里老榕树下荡秋千，任乡人往其身上泼粪便，说是被泼得越多，今年就能生男孩。

有些地方的农户还要到屋外或田地里抱回灰砖或土块，放在猪栏内，称正月十五夜抱大猪，以祈饲养大猪发大财。

有些地方的少女偷偷到菜园里坐下一芥菜，说是坐大菜，将来嫁个好夫婿；而少男则偷偷推倒厕所墙，说是将来可以娶到雅女么。有些地方则举行赛大猪、赛大鸭、赛大鹅、赛大鸡等赛会活动及夜间抬神出游的游神活动。

广东省海丰县闹元宵的习俗，有文字记载的是1699年，白太爷鉴于全县度过严重的饥荒，粮食喜获丰收。是年又是海丰科举史的辉煌年代，洪晨孚省考高中解元，洪晨绂、陈天铨、彭炽中举人。于是令城门彻夜大开，大闹元宵。白章率幕僚步出县署，到街坊上观赏花灯，与民同乐。

在《粤东笔记》中，记载了元宵夜，海城群众在龙津河上游放置灯盏，随流漂下，然后在下游龙舌埔至龙山一带岸边等待灯盏浮近，

挂在窗棂上的灯笼

竞相拾取的习俗。

此种盛况，使路过海城的清初著名学者屈大均颇为感触，题诗写道：

> 元夕浮灯海水南，红灯女子白灯男。
> 白灯多甚红灯少，拾取繁星满竹篮。

海丰闹元宵的方式有很多。

一是悬灯结彩。全县各地祠堂庙宇悬挂元宵灯，有的搭起灯棚，悬挂大型精致的鳌山灯，展现各种用泥塑或纸扎的"公仔"布置成《桃花过渡》《唐僧取经》等戏剧场景。

灯火生风，带动"公仔"旋转过场，惟妙惟肖，煞为好看。各户悬灯分多种，当年生男的人家悬挂

■ 小兔子花灯

的大花灯称"男孙"灯，当年新婚悬挂的纱灯称"新婚"灯。儿童则满街奔跑，挥舞着各式古灯、提灯等。火树银花，甚为壮观。

二是秋千对歌。在海城高田南门湖畔及公平盐街口，青年男女边荡秋千边对歌，唱着十二月歌、百鱼名、百鸟名等，或临时自编自唱，多为歌颂太平、喜庆丰收或表达男女恋情等。

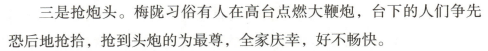

红灯满树景观

围观之人，有的附和着曲子，有的等待着轮流打秋千，通宵达旦，尽情欢乐。

三是抢炮头。梅陇习俗有人在高台点燃大鞭炮，台下的人们争先恐后地抢拾，抢到头炮的为最尊，全家庆幸，好不畅快。

多种多样的元宵节习俗，丰富了人们的生活。剔除糟粕，取其元宵节传统文化的特色习俗，有利于古老的中国文化走向世界。

阅读链接

在普宁洪阳也有正月十五夜行头桥的习俗。头桥即已有400多年历史的太平桥，其两侧栏杆两端都有两头石狮。

每逢元宵夜，男女老幼共同走过太平桥。过桥时不可回头，否则认为不吉利。

过桥的人们还有摸石狮子的习俗。正在读书的小孩喜摸石狮鼻，谓摸狮鼻，写雅字；未婚的小伙子喜摸狮肚，谓摸狮肚，娶雅女么；而已怀孕的妇女则喜摸狮耳，说是摸狮耳，生阿弟。

极富地方特色的元宵习俗

　　我国的元宵节，是春节以外较为重大的节日。在我们这个多民族的国度里，各地区的居民欢度元宵节的形式也是多种多样。其中，有许多独具特色的习俗，至今仍广为流行。如给新嫁女送孩儿灯、偷菜

闹元宵活动

节做白菜宴、放河灯和走老貌、净街送灯、荡秋千、迎紫姑、听香卜吉凶、祭东施娘、龙换酒等。除此之外，元宵节祈福的习俗也很多。

送孩儿灯称送灯，也称送花灯等，即在元宵节前，娘家送花灯给新嫁女儿家，或一般亲友送给新婚不育之家，以求添丁吉兆，因为"灯"与"丁"谐音。

这一习俗许多地方都有，陕西西安一带是正月初八至十五期间送灯，头年送大宫灯一对、有彩画的玻璃灯一对，希望女儿婚后吉星高照、早生贵子。如女儿怀孕，则除送大宫灯外，还要送一两对小灯笼，祝愿女儿孕期平安。

■ 精美的玉兔花灯

流行于贵州省黄平一带苗族的偷菜节，也是在每年正月十五举行。

节日这天，姑娘们便成群结队去偷别人家的菜，严禁偷本家族的，也不能偷同性朋友家的，因为偷菜与她们的婚姻大事有关。所偷的菜仅限白菜，数量够大家吃一顿即可。偷菜不怕被发现，被偷的人家也不责怪。大家把偷来的菜集中在一起，做白菜宴。

据说谁吃得最多，谁就能早得意中人。同时，所养的蚕最壮，吐出的丝也最好最多。

广东省文昌县县民元宵节夜偷青时，偷中的以挨

灯笼 统称为灯彩，起源于1800多年前的西汉时期。每年的农历正月十五元宵节前后，人们都挂起象征团圆意义的红灯笼，来营造一种喜庆的氛围。后来灯笼就成了我国喜庆的象征。种类上有宫灯、纱灯、吊灯等。除此之外还有专供人们赏玩的走马灯。

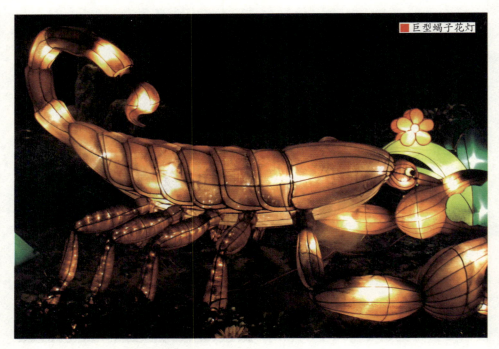

巨型蝎子花灯

骂为吉祥之兆，偷不中者则以不挨骂为吉兆。

　　淄博市淄川区的元宵节，临水人家多放河灯。泰安市宁阳县的元宵送灯至祖坟。滨州市博兴县的元宵节有照灯的习俗，男孩子提着灯绕枣树6圈，口念"嘟佬嘟佬，开花结枣"6遍，就能使枣树丰收。

　　山东省日照市莒县男女老少于正月十六到野外踏青，称之"走老貌"。据说每年走一次可永葆青春年少。这些习俗体现了人们渴求富足与健康的心愿。

　　福建省泉州花灯别具特色，有香灯、纸折莲花灯、丝料宫灯、八结灯等。邵武县元宵夜境内庙宇绕境迎香，称为"净街"。

　　福建南部，有元宵节两村儿童互掷石为戏的习俗。据说若不掷石，那个村子必定发生瘟疫。

　　福州民间有送灯的习俗。每当元宵节临近，福州的南后街便成了花灯的海洋，古老的建筑、川流的人群和鲜艳的花灯融合在一起，将福州人送花灯、闹元宵的传统习俗，演绎得淋漓尽致。

160

对出嫁之女，娘家必送灯，"灯"与"丁"谐音，取添丁之意。第一年送"送子观音"灯，第二年如未生育，则送"天赐麟儿"灯、"孩子坐盆"灯，第三四年如再未生养，便送"橘"灯，寓为"焦急"之意。生育后可送"状元骑马"灯、"天赐麒麟"灯等，直送到孩子16周岁为止。

在福州自古就有外婆给外孙送灯、亲家舅给出嫁的姐姐送灯的习俗。因此，每年的这个时候，南后街的灯市上总是挤满了白发苍苍的老人。

热闹的花灯与古朴的南后街相映成趣，为福州人留守住一份传统。

每年元宵节期间，河北省武安、涉县、磁县一带的城乡群众有荡秋千的习惯。

一过正月初十，人们就开始在村街口开阔处和自

■ 蚂蚱花灯

■ 瓢虫花灯

秋千 一种游戏用具，是将长绳系在架子上，下挂蹬板，人随蹬板来回摆动。秋千的起源，可追溯到几十万年前的上古时代。那时，我们的祖先为了谋生，需要上树采摘野果或猎取野兽。在攀缘和奔跑中，他们往往抓住粗壮的蔓生植物，依靠藤条的摇荡摆动，上树或跨越沟涧，这是秋千最原始的雏形。

家院内搭起高低不同的秋千架。从搭成到正月十六，每天都要荡一阵子，其中十四、十五两天是高潮。

荡秋千可以使人心旷神怡，锻炼身体和意志。这是一种有益的民间体育游艺活动。一些地方的群众认为，荡秋千能祛除疾病。

这也许就是荡秋千能世代相传、经久不衰的原因。连那些不会走路的孩子和年过古稀的老人，也要在别人的扶持下荡上几下。青少年男女和壮年人就更不用说了。

荡秋千分单人荡、双人荡、立荡、坐荡等。每个村镇都有自己的荡秋千高手，有时还要举行表演比赛。荡得最高最美的人很受乡邻的赞扬。荡秋千的这些日子里，也常常是青年男女相遇、接触的好机会。

紫姑是民间传说中一个善良、贫穷的姑娘。正月十五，紫姑因穷困而死。百姓们同情她、怀念她，有些地方便出现了正月十五迎紫姑的风俗。

　　每到这一天夜晚，人们用稻草、布头等扎成真人大小的紫姑肖像。妇女们纷纷站到紫姑常做活的厕所、猪圈和厨房旁边迎接她，像对待亲姐妹一样，拉着她的手，跟她说着贴心话，流着眼泪安慰她。

　　这个情景十分生动，催人泪下，真实地反映了劳苦民众善良、忠厚、同情弱者的品质。

　　元宵节习俗中也有元宵夜利用"听香"卜吉凶。想要卜吉凶者，可在家中神明厅先向神明告知欲占卜之事，然后以掷筊确定出门行走的方向，并在行进途中仔细聆听旁人交谈内容。返家后，依听到的内容向神明请示，以判断吉凶。

　　祭东施娘的元宵节俗，则是较鲜为人知。据传，战国时代的东施貌丑，但却精于女红，20岁那一年的元宵夜，她为捡拾茅厕内的绣花鞋而溺毙。

神明 即"神"的概念。"神"是神志、知觉、运动等生命活动现象的主宰，它有物质基础，由先天之精生成，由后天饮食所化生的精气来充养，才能维持和发挥它的功能。传说中的天神，即是天地万物的创造者或主宰者。

■ 手提式莲花灯

后世传说少女如果想要学好一手人人夸赞的女红手艺，需要在元宵夜准备糖果、甜粿及一只绣花鞋，在厕所前"祭东施娘"。

在湖北省的云梦县，老农夫于元宵夜持火炬偏照田圃，叫"照绝地蚕"。儿童则以田鼓迎神，以卜岁事。 武昌的"弄龙"要一连三天。全村的男女老少都跟随龙灯到邻村赴宴，称为"龙换酒"。

正月十五元宵节还有一些鲜为人知的民间活动。

古代有"七祭"，祭门、祭户这是其中的两种。祭祀的方法很简单，把杨树枝插在门户上方，在盛有豆粥的碗里插上一双筷子，或者直接将酒肉放在门前。海宁县元宵节以精致的菊花灯最为出名。建德县人家有新娶媳妇的，于元宵节设酒祭床。南雄闹花灯时，父母取龙灯上之龙须线给小儿系带，据说可保儿童无疾病；又取龙灯内残存的蜡烛照床下，据说可以产贵子。

这些习俗的形成，无不寄托了人们对拥有健康、平安和幸福的美好愿望。

阅读链接

彝族是我国少数民族之一，他们的传统节日巴乌节就是农历的正月十五。"巴乌"意为"打猎归来"。这个节日原本是欢庆狩猎归来的习俗，当时并非固定节日。

旧时，彝族人民狩猎归来收拾猎物，肉熟以后，众人分食。后来逐渐演变成固定的节日。

节日中的巴乌舞由12面木鼓、12面铓锣和12支唢呐组成乐队伴奏，由36名年轻女子披上虎、豹、熊、鹿、兔、狐等的毛皮或者头插鸟雀的羽毛，装扮成飞禽走兽，围绕火堆踏歌起舞，表现动物的姿态，模仿动物的叫声。

猎手们则手持弓弩或钢叉，将"猎物"围住，朝"猎物"们旋转的相反方向，表演各种狩猎动作。

节日期间，人们还要举行耍龙灯、狮灯和白鹤灯等活动，场面热闹非凡。